# "Narraciones Cristeras de Atotonilco El Alto, Jalisco."

Dr. Luis Mexitli Orozco Torres.

# Contenido

# Introducción

Este Libro de Narraciones Cristeras de Atotonilco
el Alto, Jalisco; es producto de la información re-
cabada de diversas fuentes, entre ellas: entrevistas,
documentos, charlas, conferencias o congresos.
Teniendo como principal informante al Profesor y
Licenciado Luis Orozco Vázquez, Cronista municipal de Atotonilco el Alto. Con quien en conjunto se
fueron construyendo los relatos e historias que cede
para la elaboración de este libro.

Los relatos, síntesis de documentos y poemas que
se incluyen en este libro, son recuperados principalmente a las entrevistas realizadas a personas que

vivieron la "Revolución Cristera", o bien de lo que desde niños escucharon diversas personas, como el Profesor Luis Orozco Vázquez. Quien recuerda las anécdotas relatadas por su madre, la Sra. Ma. del Carmen Vázquez Valle, "llena de vivencias y excelente narradora", (según sus propias palabras). Así como de su tío Taurino Vázquez Valle, quien al entrar los cristero en Atotonilco el Alto, fue nombrado Jefe Civil Cristero, aún contra su voluntad, pues ya se imaginaba que el Gobierno Federal lo iba a fichar y perseguir. Y así fue, por lo que tuvo que vivir en varias Haciendas del estado de Jalisco.

Otras personas que indirectamente informaron para esta recapitulación de narraciones, son la gran mentora de muchos atotonilquenses, la maestra Ma. Guadalupe Escoto Magaña. Tanto en el Colegio Atenas, como en su casa en la que (recuerda el profesor) pasaba días invitado por ella y su sobrina Trinita Escoto, a fin de que no faltara al colegio cuando su mamá tenía que ir al rancho El Mezquite Alto, en tiempo de cosecha.

De igual manera el Sr. (Trino) Rafael Trinidad Orozco Vázquez, quien es un verdadero maestro de la Historia Cristera, que se ha especializado en este tema investigando y escribiendo parodias que le valieron el reconocimiento "Personaje Alteño Distinguido" en el año 2008, por la Sría. De Turismo Estatal, en Lagos de Moreno, Jalisco.

Además, otra parte de la información se ha recopilado al acudir a comunidades y Haciendas antiguas para obtener "información de campo"; Así como por los relatos conferidos por los señores: Manuel Ávila, alias "El Polín", y Ricardo Ramírez Álvarez, a quienes les conocen mucha gente del campo y han escuchado sus relatos.

Así mismo en los congresos de la Asociación de Cronistas de Ciudades Mexicanas, a la cual pertenece el Profesor Luis Orozco como Cronista Municipal de Atotonilco el Alto, Jalisco, donde ha podido recolectar información, la cual ahora nos la comparte.

Además, de los atotonilquenses José de Jesús Miranda Gómez, Eliodoro de la Torres Hernández,  Maurilio Guzmán González y sobre todo Jaime de Alba Muñiz grandes promotores de conservar la historia Cristera en Atotonilco el Alto.

Además de diversas personas de diferentes comunidades del municipio, algunos de ellos de la tercera edad, a quienes se entrevista para conocer sus vivencias y recuerdos.

Las narraciones de este libro se circunscriben a Atotonilco el Alto, Jalisco, a sucesos y personajes que vivieron o actuaron históricamente en este municipio Alteño jalisciense, denominado entre otras como: "El Vergel de Jalisco", "La Puerta de Los Altos" y "Santuario de La Cristera".

Se decidió ilustrar este libro con imágenes recolectadas por el Prof. Luis Orozco, mismas que han sido elaboradas por Miguel Ángel Ortega Navarro y Alberto Álvarez, nietos de Cristeros famosos. Esto con el fin de hacer su lectura más amena y entendible para los amantes de La Epopeya Cristera de todas las edades (principalmente a los menores), que es reconocida en todo el mundo, gracias entre otros, al Papa San Juan Pablo II, quien reconoció y exaltó a los Mártires Cristeros Mexicanos, canonizando numerosos "soldados de Cristo".

Pero  la motivación principal de realizar este libro, es el no permitir que estos relatos se olviden y por tanto se pierda parte de este capítulo de la historia de México. El cual, de alguna manera forja los cimientos del México contemporáneo.

General Lauro Rocha González principal héroe cristero atotonilquense

14

El General Álvaro Obregón, de visita en la "calle compuesta" 8 de diciembre de 1921,
acompañado de Don Margarito Ramírez, Don Nacho Velázquez, importantes Srs. y el pueblo.

15

El Gral. Álvaro Obregón llega en el Tren La Guayaba de visita a Atotonilco, gente de todas las clases sociales van a recibirle.

# Preámbulo

El conflicto cristero en México, nombrado entre otras formas como "Guerra Cristera", "Epopeya Cristera", "Revolución Cristera" "Cristeada" (Meyer 1994; Acevedo, 2000; Hernández, 2003; Guzmán 2011). Es un conflicto entre Iglesia y Estado en el que se involucran diferentes actores de la sociedad, entre ellos laicos, sacerdotes y religiosos. Quienes se oponían al decreto de la llamada "Ley Calles" o artículo constitucional 130, misma que prohibía la participación del clero en la política, privaba las iglesias del derecho de poseer bienes raíces e impedía el culto público fuera de los templos. Su aplicación incluso fue más allá, al obligar a reducir el número de sacerdotes de la Iglesia católica, prohibir el uso de sotanas, crear la iglesia católica apostólica mexicana y declarar como Papa mexicano al Sacerdote disidente Joaquín Pérez y como sede el Templo de Nuestra Señora de la Soledad, provocando un cisma en la sociedad mexicana (Ramírez, 2002; Hurtado, 2014).

El conflicto estalla un día antes de que esta disposición entre en vigor (Guzmán, 2011) el último día de julio de 1926 cuando la iglesia decide retirarse de los templos y cesar los servicios religiosos. El Gobierno federal envía agentes para levantar inventarios a los templos, lo cual fue intolerable para los fieles que lo consideraron como sacrilegio. Levantándose en armas en pueblos de Jalisco, Zacatecas, Colima y otros (Meyer, 1994).

La Guerra Cristera inició con la recolección de armas y la formación de guerrillas compuestas por campesinos que oponían poca resistencia a los embates de soldados adiestrados que enviaba el Gobierno Federal a combatirles. Sin embargo su Fe y convicción en el derecho y libertad de creer y profesar la religión que cada quien decidiese, los impulsaba a continuar. La Liga Defensora de la Libertad Religiosa, misma que era operada desde la ciudad de México, dirigida por Miguel Palomar y Vizcarra, Jesús Degollado, Rafael Ceniceros y otros, daban soporte a los levantamientos (Guzmán 2011).

Si bien miles de hombres luchaban por su ideal y estaban dispuestos a dar su vida al grito de "¡Viva Cristo Rey y la Virgen de Guadalupe¡" hacía falta un cerebro militar que coordinara las acciones de los guerrilleros. Fue así como el General Enrique Gorostieta Velarde fue contratado para liderar a los campesinos enlistados en el bando Cristero. Este General retirado del ejército, fue quien adiestro y dio rumbo para lograr las victorias de los Cristeros (Herrera, 2015).

El conflicto que alcanzó trece estados y los 35 mil combatientes (Guzmán, 2011), llegó a ser un verdadero "dolor de cabeza" para el General Joaquín Amaro, quien solicitó a Plutarco Elías Calles se buscara llegar a un acuerdo con los Cristeros. Quienes para ese entonces ganaban batalla tras batalla al ejército, sobretodo en el rumbo de los Altos de Jalisco.

Emilio Portes Gil presidente interino a la muerte de Álvaro Obregón, abrió la puerta a un arreglo misma que aceptaron los obispos representados por Pascual Díaz Barreto, con la mediación del embajador de los Estados Unidos D. Morrow. Presionados por las empresas norteamericanas asentadas en México que tenían pérdidas en su producción, así como por el riesgo del derrocamiento del Gobierno o el apoyo a Vasconcelos en su candidatura (Guzmán, 2011).

Gorostieta descontento por el rumbo que tomaba la resolución del movimiento armado, hizo el llamado "Plan de los Altos", en el cual condenaba cualquier convenio a espaldas de los miembros de la Liga y de los jefes cristeros. Sin embargo fue emboscado y asesinado en un enfrentamiento con su grupo más allegado en la Hacienda del Valle, municipio de Atotonilco el Alto el 2 de junio de 1929. Su cadáver fue exhibido y la noticia fue divulgada en todos los periódicos para generar desánimo en los combatientes (Guzmán, 2011). Sin embargo, a pesar de ello, algunos Cristeros de convicción como Lauro Rocha de Atotonilco el Alto y otros de la región, continuaron con el movimiento y promovieron lo que se le denomina la "Segunda Cristeada" que logró que entre el Presidente Portes Gil y el pueblo se estableciera lo que es llamado "modus vivendi" y no se insistiera en aplicar ninguna de las leyes de las que se habían emitido con el Presidente Calles a pesar de no haber sido derogadas, así como la consigna de que el pueblo con esta segunda cristera, estaba preparado para defender sus derechos las veces que se hiciese falta y que no se permitiría que sus libertades fueran violentadas una vez más (López, 2015).

Este preámbulo da pie al conjunto de narraciones, relatos y poemas que a continuación se presentan. Los cuales se circunscriben a lo acontecido durante la "Guerra Cristera" en Atotonilco el Alto, Jalisco y a personajes de este poblado, aportando principalmente la visión de los habitantes participes de este conflicto.

## Ángel Rizo, valiente cristero, primer muerto en la estación del ferrocarril.

Iniciaban los terribles días de la Epopeya Cristera en Atotonilco el Alto, Jalisco, cuando el Jefe Medina vino con un destacamento militar a ocupar la Estación ferroviaria para de ahí controlar la región atotonilquense y alteña, estableció su oficina-cuartel en un vagón del tren teniendo fuerte guardia de seguridad personal.

En tanto el joven atotonilquense Ángel Rizo, que padecía una fuerte conjuntivitis la cual le impidió haberse incorporado al ejército cristero que levantaron el General Don Miguel Hernández y el General Padre Reyes Vega, pocos días antes; al saber la llegada del Ejército Federal, tomó su rifle y decidido caminó hacia la Estación, los primeros soldados federales que lo vieron llegar, creyendo que sería un vecino quien venía a darse de alta, sólo lo observaron, él se acerca y les pregunta en dónde se encontraba el Jefe, a lo cual señalaron el dicho vagón. Ángel, sin detenerse llega y entra a la improvisada oficina en donde pregunta quién es el Jefe Medina; los soldados le señalan al personaje principal, a quien Ángel se dirige medio observándolo, ya que su vista no era clara dado lo enfermo de sus ojo, y con voz serena le dice:

-"Vengo a matarlo", levantando su arma y disparándole al instante, al tiempo todos los soldados presentes accionaron sus armas sobre Ángel Rizo quedando su cuerpo en un charco de su sangre muerto por incontables balas.

Es el protomártir cristero atotonilquense, y de la Epopeya Cristera.

Fuente: Prof. y Lic. Luis Orozco Vázquez.

Ángel Rizo, valiente cristero protomártir atotonilquense

Ángel Rizo, valiente cristero murió en la estación del "Tren La Guayaba".

# Hilario Solorio "el ciego", cristero de mipillas.

A Hilario, que era tuerto, pero las personas le conocían con el seudónimo de "El ciego", era un hombre del campo quien trabajaba para el hacendado de la antigua enorme Hacienda de Milmillas o de Milpillas, sabedor de armas, conocedor de esta región y valiente cristiano ofreció sus servicios a los jefes cristeros para cuidar y ayudarlos en la defensa cristera, mediante observación, investigación e información secreta que beneficiara a "la causa", como decía en secreto el pueblo católico; Hilario, El ciego, recorría los caminos vecinales, las Haciendas y los ranchos cercanos, se cuenta que él le mandó ofrecer al general Gorostieta, que al dirigirse a Michoacán en aquel su viaje trágico no pasara por la Hacienda de El Valle, sino que tomara por Navarro y Milpillas pues él con su gente lo protegerían, lo cual no se realizó lamentablemente.

Un combate que se realizó en la hacienda del Rosario, fue el Ciego Hilario, quien lo organizó con miras de debilitar a un destacamento de los llamados soldados rurales, anexados al Ejércitos Federal, que se encontraban destacamentados en el rancho San Gaspar, en donde se iniciaba o tenía su puerta de entrada la Hacienda de Ciénaga del Pastor; Hilario, ubica a varios Cristeros de su grupo en la Hacienda del Rosario, y otro grupo lo manda por atrás del cerro de Las Canoas, con la consigna de que atacaran a los Rurales rodeándolos en la Hacienda; Hilario, va a San Gaspar e incita a los Rurales a seguirlo, más al llegar al Rosario y trabarse el combate, los cristeros de Hilario que esperaban repuestos fueron desalojados de sus posiciones pues no llegaron los cristeros del cerro; el jefe  junto con Hilario el ciego se replegaron perdedores hacia Milpillas; con ello surgió un disgusto entre Hilario y un Cristero de apellido Navarro, que planeando la muerte del valiente Hilario, en la Plaza de Atotonilco el Alto, un día en que Hilario habiendo sido despojado por su amante de su pistola sin él darse cuenta, cayó asesinado sin poderse siquiera defender. Así murió al Cristero más famoso de Milpillas; Hilario El Ciego, cuyo apodo le ayudó siempre ya que el Gobierno le buscaba ciego, no tuerto.

Fuente: Prof. Luis Orozco Vázquez

# Jóvenes de la A.C.J.M. en Atotonilco El Alto, Jal.

La ACJM fue fundada en México por el sacerdote Rev. P. Bernard Bergoend, S. J. hacia 1912 difundiéndose a todo México; aquí en Atotonilco el Alto, fue visitado por jóvenes de la A.C.J.M. de Guadalajara, Jalisco en las llamadas Cruzadas Santas, que en forma organizadas fueron recorriendo el Arzobispado de Guadalajara, Jalisco En binas o tríos de acejotaemeros para cumplir como misión su ideal de cristianizar a la sociedad con el lema: "Por Dios y por la Patria".

Así la visitas que se efectuaba en cada pueblo se realizaban mediante reuniones con madres de familia, niños, comerciantes y pueblo en general; retomamos un párrafo del libro "Memorias", del Cristero, general y sacerdote después Don Heriberto Navarrete, S.J. que a la letra dice: -En ciudades como Atotonilco la visita adquiría los caracteres de una Semana Social. Un gran salón atestado de populares bancas; en uno de los extremos, el estrado con mesa y tribuna de la A.C.J.M.; aquí un retrato del Papa, en el centro, un gran cuadro de la Virgen de Guadalupe; allá la fotografía de René Capistrán Garza. (Luego la Conferencia o el mitin para todo el pueblo) –"¡Vienen las reuniones más provechosas!" –

Más tarde hacia 1925 Atotonilco fue visitado por "El" Maestro Beato Lic. Anacleto González Flores, líder de los ideales cristeros de México, con la misma misión que sus discípulos acejotaemeros ya comentados, le acompañaba su gran amigo ahora Beato también el Lic. Don Miguel Gómez Loza, que como ferviente católico y directivo de la A.C.J.M. en Jalisco, sabía muy bien promover y luchar por la Libertad religiosa de expresión, de educación, de todas las libertadas humanas que llevan a la humanidad a la realización integral de la persona, de la sociedad y de la Patria. Después de su visita, importantes reuniones y un mitin popular en la plaza principal de nuestro Atotonilco el Alto posaron con los acejotaemeros atotonilquenses, existe una histórica fotografía de esta etapa precristera de nuestro pueblo tomada en el Curato Parroquial. ¡Enhorabuena!

Fuente: Prof. y Lic. Luis Orozco Vázquez

28

Lauro Rocha González atotonilquense estudiante de veterinaria, se coloca al frente del grupo de defensores del "Santuario de Guadalupe", en Guadalajara, Jal.

General Lauro Rocha González principal héroe cristero atotonilquense dirigió varios combates honrosos, fue admirado por todos los jefes cristeros con quienes compartió ideales de libertad, y Fe.

## Trino Avalos adolescente cristero atotonilquense muy apreciado

Según memorias del Sr. Don Trinidad Avalos, Cristero; después de la suspensión de culto, el Padre J. Jesús Angulo. Sr. Cura San Francisco de Asís, fue visitando las rancherías con todo sigilo, para motivar a la gente a levantarse en armas. Se trajo material y, sobre el Cerro del Nacimiento, se levantó un monumento a San Francisco de Asís, en torno al cual se reunían constantemente y a donde llegaba gente para "darse de alta".

Nos platica Don Trino (con la garganta ahogada) que él de 17 años, dijo a su Padre: -"Yo voy en su lugar, Padre, usted le hace falta a la familia"-y hombre (en aquel tiempo los jóvenes maduraba más pronto) y como católico, siguió a los valientes, buscando la muerte o la libertad para ser y actuar como católico y como hombre libre.

Fuente: Prof. y Lic. Luis Orozco Vázquez

Trino Ávalos, joven cristero de 17 años quien dice a su padre: -"yo voy a la lucha santa en lugar de usted que hace más falta a la familia". -fue famoso y admirado cristero atotonilquense.

## El señor Arzobispo don Francisco Orozco y Jiménez. Se refugia en el rancho la violeta y en San Francisco de Asís.

El señor Arzobispo de Guadalajara, Jalisco siempre manifestó su estimación a nuestro Atotonilco el Alto, que era parte de su Arquidiócesis especialmente durante los años de la Epopeya cristera, por temporadas habitó dentro del municipio, algunas veces oculto en el rancho de la Violeta, que se ubica al norte de Atotonilco el Alto, en los límites con Tepatitlán, cerca de la hacienda llamada Las Hormigas; de ahí dirigía a sus fieles por medio de misivas y correos a caballo, él, al igual que el Lic. Anacleto González Flores y el Padre J. Jesús Angulo, no querían la guerra, y aconsejaban más por una defensa pacífica, como fue el boicot, que por la toma de armas, sin embargo reconociendo lo difícil de la situación la aceptaron y como buenos pastores orientaba a su pueblo en tan álgido trance.

Existen fotografías del señor Orozco y Jiménez, apodado "El Chamula" por su labor pastoral en Chiapas, en donde se identificó plenamente con esa étnica utomaya; en algunas tomas él aparece como huésped en casa de Familias de San Francisco de Asís, como es en el hogar del Sr. Don Bernardino Rodríguez, distinguido alteño sanfrancisquense, ahí posó con este su anfitrión y con el Pbro. Sr. Cura de dicha parroquia el gran cristero atotonilquense y luego

Obispo Don J. Jesús Angulo.

Allí en San Francisco o San Pancho, dicho popular y cariñosamente, se gestó en torno a estos grandes hombres de Dios la suerte e historia de nuestra Epopeya Cristera.

Fuente: Prof. y Lic.Luis Orozco Vázquez

# Capitán don Cayetano Álvarez Flores, cristero alteño destacado y su familia.

El valeroso y esforzado capitán Cayetano Álvarez, quien luchó por la libertad religiosa durante la Epopeya Cristera de México, alternando su acción bélica con varios jefes cristeros, fue un ejemplo de cómo participaron familias completas en esta llamada guerra santa, pues esposas e hijos también lucharon por su fe al lado de sus esposos. Don Cayetano fue secundado por Cruz Fonseca Hernández, su esposa, quien sufrió la quema de su casa, persecución del gobierno, huyendo con su familia o sufriendo la separación de familiares, la prisión, enfermedades y hasta muerte o aborto de hijos.

Así un día en que caminaba Don Cayetano y Crucita por aquellos callejones cercados con piedras en los áridos parajes alteños, llevando Cayetano a su pequeño hijo en brazos sobre la cabeza de la silla de montar, de pronto, ¿sería un presentimiento, o una corazonada de peligro? Pues él sabía que lo perseguía el ejército callista y se había ofrecido pago por su muerte, antes de llegar a un lugar llamado "de las cruces", toma al niño quien también se llamaba Cayetano, lo levanta y esperando el caballo en que viajaba su esposa Crucita, le dice —"llévate tú al niño,- el cual es recibido por su madre, quien al estarlo acomodando sobre la silla en que cabalgaba, sólo escucho una fuerte descarga de rifle y aturdida, sin saber que pasaba solamente atinó a apretar contra su percho al pequeño hijo mientras veía a su esposo Cayetano doblado el cuerpo caer lentamente del caballo envuelto en un baño de sangre y pólvora, para no levantarse más. Así consideramos al pequeño Cayetano como un niño Cristero destacado también.

Fuente: Prof. y Lic. Luis Orozco Vázquez

Capitán Cristero Don Cayetano Álvarez Flores y su familia Sra. Crucita Fonseca Hernández, destacados alteño atotoniliquenses cristeros.

# Sr. Martín y Sra. Simona, Esposos cristeros que supieron cumplir con su fe.

Martín Silva era un joven esposo que estando casado recientemente con Simona, aceptaron enrolarse en actividades varías para ayudar al ejército de Cristo Rey en el grupo comandado por el Padre Pedroza, Martín tomó las armas y participó en algunos combates, venía a visitar a su esposa Simona y a ver a sus pequeños hijos, para que fuera más fácil llevó a vivir a su familia al rancho de El Agua Caliente un tiempo, más al necesitar la ayuda de la mujeres para conseguir el parque, se vuelven a radicar en el rancho del Nacimiento cerca a Atotonilco el Alto, Simona aceptó, como buena esposa y cristiana que era, ciertos días de la semana preparaba su canasta con tortillas y con el pretexto de venir al pueblo a visitar a su madre, vestida de enaguas de manta bajo su vestido de percal floreado, sobre del cual se cubría con su rebozo azul de puntos blancos que le servía tanto de chal como de manto y terciado al hombro disimulaba canasto y morral que colgaba al pecho, visitaba a las fonderas y recibía cartuchos y a veces carrilleras y hasta armas que las mujeres de las Brigadas Juana de Arco le enviaban al Gral. Padre Pedroza, la falda de manta con varios dobleces prendidos a manera de alforzas servían para colocar dichos pertrechos de guerra, que en mucho ayudaban a la causa cristera; los jefes federales por mucho tiempo ignoraron esta importante acción de las mujeres como Simo-

na, y muchas más, el origen de dichos pertrechos
estaba en que los soldadas llamados despectivamente por el pueblo guachos o changos los vendían o
intercambiaban por comida, y dinero para el juego o
bebida, quienes más recolectaban estas armas eran
las Sras. De las fondas que así ayudaban también  a
la guerra cristera. Simona sabía el peligro que corría
en cada "visita a su madre", así decía cuando llegó a
ser interrogada por aquel camino Real a Guadalajara
entre el Pueblo de Atotonilco el Alto, y el rancho
del Nacimiento que siguiendo la calle Colón o de
los Pozos se convertía en una arbolada alameda de
frenos y otro árboles de cuyas ramas, muchas veces
Simona Borunda tenía que presenciar temblando
de miedo a los cristeros ahorcados en tanto Martín
escondido en el cerrito ansioso la esperaba. Así los
dos esposos ayudan a la defensa de su religión con
riesgo de sus vidas.

Fuente: Prof. y Lic. Luis Orozco Vázquez

## La última misa en el monumento a San Francisco de Asís.

Después de que el general Don Miguel Hernández estuvo en Atotonilco el Alto y convenció a varios hombres para que se levantaran en armas contra las leyes callistas, acudieron a la comunidad de San Francisco de Asís, en donde el Sr. Cura Jesús Angulo quien recientemente había fundado la parroquia de ese poblado, apoyado por el gran Sr. Arzobispo de Guadalajara Don Francisco Orozco y Jiménez; viendo el Sr. Cura aquel primer ejército cristero de hombres atotonilquense algunos otros sanfrancisquenses guiados por el susodicho General Don Miguel Hernández así como por el sacerdote y General Reyes Vega, se negaba a aceptar se dieran de alta aquellos valientes católicos, primero porque carecían la mayoría de armas, balas y caballos, y segundo porque consideraba la situación de peligro a que se exponían sus feligreses y vecinos, así como la tristeza de que sus familias quedarían desamparadas. Ante la insistencia del Padre José Reyes Vega, "El Pancho Villa en sotana", no tuvo más alternativa que convocar a lo dichos soldados a su última misa la cual se efectuó en el Cerro del Monumento levantado en honor al Santo de Asís, en el histórico cerro del Nacimiento en la Mesa del Solorio, dio la bendición a aquel puñado de soldados cristeros que en breve habrían de tener su bautismo de sangre en la batalla de San Julián Jalisco el día 15 de marzo de 1927; con el primer gran triunfo cristero en contra de los disciplinados y preparadísimos soldados Federales del Presidente Plutarco Elías calles, comandados por el general Don Espiridión Rodríguez, fue entonces cuando los cristeros atotonilquenses apreciaron más aquella misa y las bendiciones del Sr. Cura Don J. Jesús Angulo, quien sería luego Sr. Obispo de Tabasco y se autodenominaría Sr. Del Valle.

Dicho cerro del Monumento es un Santuario Religioso-histórico Cristero de Atotonilco el Alto, cada día 3 de mayo y 9 de enero se realizan celebraciones religioso-cristeras para conmemorar tan bella y positiva página de nuestra historia.

Fuente: Prof. y Lic. Luis Orozco Vázquez

# Los soldados federales saquean el templo de San Francisco de Asís, delegación de Atotonilco El Alto, Jal.

El 9 de enero de 1927, se había levantado en armas contra las leyes anticlericales el poblado de San Francisco de Asís, convirtiéndose dentro del municipio atotonilquense en el punto más activo de la Epopeya Cristera; así poco después de que el ejército callista destruye del monumento a San Francisco de Asís, que había erigido el Padre J. Jesús Angulo, Sr. Cura de esa parroquia y su pueblo alteño, se dio la llegada del ejército federal al centro del poblado, entraron al templo que con tanto empeño, buen gusto y cuidado había construido recientemente el señor Cura Angulo y los vecinos; el 4 de octubre de 1926 se hizo la dedicación de la nueva parroquia de San Francisco de Asís , por el Sr. Arzobispo Don Francisco Orozco y Jiménez en visita oficial.

Entraron los soldados saqueando y destruyendo muebles y obra de arte, apropiándose de objetos de valor llegando al sagrario que lucía reluciente de oro, tratan de forzar su chapa y al no poder abrirlo un soldado o sardo como el pueblo despectivamente les llamaba, haciendo uso de su arma de fuego, dispara en corto a la cerradura, de la cual rebota el plomo hacia el soldado impactándolo en la frente, cayendo de espalda sin vida, con lo cual la soldadesca espantada desiste y abandona templo y compañero que muere en sus osadía.

Fuente: Prof. y Lic. Luis Orozco Vázquez

El Sr. Arzobispo Don Francisco Orozco y Jiménez, radicó oculto en ranchoide Los Altos, como
La Violeta.

# Liberación de San Francisco de Asís delegación de Atotonilco El Alto, Jal. Por los generales Lauro Rocha y Padre Aristeo Pedroza

Lauro Rocha González atotonilquense que después de haber estado en Guadalajara, Jalisco estudiando para médico veterinario le tocó participar en la defensa del santuario de Guadalupe, templo ubicado cerca de la Catedral de Guadalajara, cuando el gobierno estatal trató de tomarlo por la fuerza armada con un grupo de soldados, oponiéndose los vecinos lo impidieron entre ellos Lauro Rocha, joven que ahí se puso frente al grupo de defensores repeliendo al gobierno con lo cual decidió abrazar la cauda cristera y venirse a los Altos a tomar las armas.

El Padre General Aristeo Pedroza, que tambíen recientemente había dejado su parroquia para aunar a su labor sacerdotal el ejercicio bélico, reuniendo a varios campesinos toma las armas y es nombrado por los suyos General en Jefe de la Brigada de los Altos ubicando su centro de operaciones en Betania municipio de Ayotlán, Jalisco Muy cerca de Arandas y Atotonilco el Alto, sitio en donde se unieron él Padre y Laura Rocha, planeando la toma de San Francisco de Asís, que había sido ocupado y se encontraba aún en poder del ejército callista. Aunaron sus hombres y el día 23 de marzo de 1927 llegan a San Francisco de Asís, en donde los esperaba el ejército, la población había sido abandonada en su mayoría por los vecinos que se retiraban con familias enteras a los rancho, a las barrancas y cuevas cercanas, quienes al saber la unión de la fuerza cristera del Padre Pedroza y de Lauro Rocha, se les unieron los Galindo y los Franco de Tepatitlán, Los Barajas alteños de Atotonilco el Alto y también de allí los Dueñas del Salitrillo; Santiago Dueñas, era el segundo del Padre Pedroza, en su Brigada de lo Alto, los Jacinto de Jalostotitlán, los Romo de Santa Ana, los Ramírez y los Álvarez del Castillo, etc. Unos y otros al mando del general Padre Aristeo Pedroza, y del general Rocha, en pocas horas desalojan al ejército callista de San Francisco de Asís, constituyendo otro éxito de los cristero atotonilquenses, aunque San Francisco y su gentes tuvieron que pagar más tarde su victoria al serle cambiado oficialmente su nombre por el de Francisco Javier Mina, el cual recuperó varios años después siendo hasta 1992, durante el desempeño como presidente municipal del Lic. Francisco González García, quien lo solicitó al Congreso del Estado de Jalisco a nombre de los habitantes para que volviera a llamarse el poblado San Francisco de Asís.

Fuente: Prof. y Lic. Luis Orozco Vázquez

El Gral. Padre José Reyes Vega y Gral. Lauro Rocha liberan al pueblo de San Francisco de Asís tomando un tiempo por los callistas.

Jefe Cristero, compañeros y amigos del principal cristero atotoniquense: Lauro Rocha González, combatió por la Fe desde 1926 a1936. Inició la Segunda Cristera.

Demecio Vázquez cae de la torre herido por los callistas, gritando —"¡Viva Cristo Rey y...! ¡Viva Cristo Rey y...!"

## Derrota de los federales en Atotonilco El Alto, saqueo de la población de San Francisco de Asís.

Año de 1927 días 21 y 22 de enero, el general Jesús María Ferreira, con 900 federales atacó a Atotonilco el Alto, Jalisco contra 80 católico mandados por Toribio Valadés; los federales tuvieron 200 bajas (aproximadamente) por 6 de los católicos cristeros, habían tomado Atotonilco el Alto, llegando en el tren y fueron escalando las azoteas de las casas del centro en donde los cristeros desde la parte alta del templo de San Miguel tras un murto (que aún existe) construido de ladrillos con aberturas o mirillas para sacar el cañón de sus fusiles pudiendo hace una buena defensa hacia las calles de entorno y las azoteas de las casas. Después de horas de combate el general Ferreira ordenó retirarse de la plaza e ir hacia San Francisco de Asís, el cual encontraron casi sólo pues los vecinos con antelación residían en las ranchería cercanos; luego de saquear pueblo y templo se fueron a San Miguel el Alto.

Fuente: Prof. y Lic. Luis Orozco Vázquez

## El Rancho Rincón del Molino Valuarte histórico cristero de nuestro Atotonilco El Alto, y de La Región Alteño-Jalisciense.

Corrían tiempo difíciles para los católicos de México, las Leyes de Reforma, con notoria influencia de anticlericales, hacían cada vez más precautorias las prácticas religioso-cristianas de los pueblos alteños que ya eran famosos por su devoción a la Virgen de Guadalupe, a Cristo Rey y a los santos, así como más apegados a los sacerdotes y a la iglesia católica. Ambiente que se recrudeció muy extremadamente con la llegada a la Presidencia de México del General Plutarco Elías Calles, en 1925, quien queriendo aplicar los artículos constitucionales en materia de religión, cultos e iglesia Católica, creó la Ley de culto o llamada también "Ley Calles", ante lo cual se iniciaron una serie de medidas preventivas por parte del pueblo alteño, acordando entre los vecinos de varias rancherías que tenían que bajar por el famoso Rincón del Molino: La Gloria, Los Planes, El Tepetate, El Saucillo, El Laurel, Santa Gertrudis, La Poblada, Rincón Chico, Salsipuedes, San Rafael, Hacienda Vieja Y Ojo de agua ; ir cavando cuevas en el cerro o ahondándolas cerca del camino real entre Arandas y Atotonilco el Alto, con miras a tenerlas disponibles si así se necesitara. Cuán grande fue su acierto pues en las concentraciones de vecinos alteños por parte del gobierno, mediante del bombardeo inicuo y cruel que sufrieron, estas cuevas sirvieron para que familias completas se guarecieran en ellas. En la reconcentración del mes de mayo de 1927, acudió el contingente de cristeros al mando del Padre y General Aristeo Pedroza, a auxiliar a los desplazados; algo lograron hacer a favor de las familias distrayendo al gobierno callista que mandaba el General Joaquín Amaro, mas no pudieron evitar que la soldadesca llegaran a varias cuevas en donde mataban a los jefes de familia y sacaban de su escondite al resto de las familias entre gritos de llanto y horror, eran llevados al camino real del Rincón y ahí formados "en cuerda", fueron llevados por decenas a la estación de Tren La Guayaba para ser prácticamente embarcados hasta Ocotlán, Jalisco Con extrema e inhumana medida de vencer a los cristianos y pueblo Alteños, como Atotonilco el Alto, y la región Alteño-Jalisciense.

Fuente: Prof. y Lic. Luis Orozco Vázquez

El General Don Joaquín Amaro realiza las "concentraciones" de los alteños, luego bombardea la región apropiándose de lo que queda abandonado para bien de sus soldados.

En la segunda "Concentración" las familias presas en el Rincón del Molino son expulsadas a Ocotlán, Jal. en el Tren "LaGuayaba".

# El rincón del Molino y el bombardeo contra Los Alteños

Le llamaron la "Concentración" ordenada por el presidente Calles el pueblo alteño recibió la orden de dejar sus ranchos, casa y pertenencias.

El general Joaquín Amaro, Secretario de Guerra del presidente Plutarco Elías Calles, dio la orden al Gobernador y Presidentes Municipales para que avisaran a la gente que debían de trasladarse las poblaciones cercana a radicar, es decir a concentrarse. Orden tan injusta como inhumana sólo tenía un fin impedir que los vecinos alteño-jaliscienses, muy apegados a la religión católica siguieran ayudando a los grupos de soldados cristeros. Fue tremenda la medida como fue su ejecución pues se empleó a la aviación mexicana para que bombardeara la zona alteña y así acabar con reservas tanto de alimentos en semillas y ganados como otros tipos de ayuda a los soldados de la Fe, como el pueblo les llamaba. Grupos de rancheros desde ancianos hasta niños iniciaron el éxodo salvando lo poco que tenían, un clamor de desesperación, rebeldía, impotencia, apego a su cuna, origen y pertenencias, que dejaban abandonados era un dolor que se manifestaba con llantos, gritos, mutismo silencioso de rabia y odio en aquellos seres humanos que bajaban de la meseta alteña en grupos la mayoría a pie y por la cuesta del Rincón del Molino de este municipio.

Enfermos o ancianos que se quedaban atrás a paso lento o tomaban un respiro en aquel camino de calvario cargando, como algún corrido lo dice: –"con gallinas, petates, ollas, metates, tambaches de ropa y algún santo enmarcado en un costal". – Se hizo tarde y los aviadores gobiernistas, para apurarlos, hacen estallar sus bombas; grande fue la desbandada de los pobres alteños algunos murieron ahí, otros se escondían en las cuevas del cerro y otros más perdieron ahí a sus familiares, con lo cual ya no quedaba más que hacer, sino tomar las armas; así aumentó la rebelión cristera haciéndose tristemente famoso este Rincón del Molino, bellísimo, paradisiaco e histórico lugar cuna de los cítricos y del Tequila atotonilquenses.

Fuente: Prof. y Lic. Luis Orozco Vázquez

El Gral. Joaquín Amaro, Srio. de Guerra del Callismo, ordena a la aviación bombardear la
región Alteño-jalisciense y la concentración de sus habitantes .

Bombardeo contra los alteños realizado por el Gral. Joaquín Amaro,

## Los cristeros Atotonilquenses participan en la Batalla de San Julián al mando del general Don Miguel Hernández jefe del regimiento San Julián.

Supo el General Calles que los católicos de Jalisco se levantaban en armas y afirmó despectivamente que Jalisco era el gallinero de la República Mexicana, sin darle mucha importancia. Al saber que el ejército Cristero rápidamente crecía envió al ejército federal a exterminarlo, venia dirigiéndolo el General Don Espiridión Rodríguez, militares del callismo a quienes prometió que al vencer al pueblo cristero podrían entregarse sus soldados al saqueo y toda clase de abusos en San Julián.

Era el día 15 de marzo de 1927 cuando se efectuó el combate a este heroico pueblo alteño, las avanzadas federales confiando en su superioridad numérica y preparación llegando al pueblo emplazaron una ametralladora en calle céntrica, más en cuando trataban de avanzar era rechazados por los rancheros cristeros que tenían la consigna de disparar los más certeramente "bala por cabeza", cuidando el parque que ya escaseaba. Los callistas atacaron con furor, era tremenda la situación para los defensores cristeros, se pensaba ya en el triunfo federal.

Hubo una tregua, reanudándose luego el combate con mayor furor por parte de los federales, más la moral de los cristeros no decaía; en eso, se apreció una polvareda allá hacia el sur este, venía gente armada a San Julián, el ejército creyó que era el general Amaro quien venía a reforzarlos; grande desilusión y tensión sintieron al darse cuenta que aquel grupo era cristero pues los catalejos captaron un estandarte con la imagen de la Guadalupana, en efecto, era el regimentó del General Don Miguel Hernández, quien venía a prestarles auxilio a sus paisanos sanjulianenses, con el participarían también los cristeros atotonilquenses; el General Rodríguez (que según él venía a llevarse la cabeza del "El Catorce", colgada en los tientos de su silla), ordenó la retirada; al efectuar la fuga abandonaban todo lo que les estorbaba, hasta el uniforme, fue una huida humillante, con grandes bajas y sólo algunas de los libertadores que así obtuvieron el triunfo cristero en la primera gran batalla, la de San Julián Jalisco, en la que nuestros atotonilquenses tomaron parte, es decir tuvieron su prueba de sangre.

Fuente: Prof. y Lic. Luis Orozco Vázquez

"El Catorce" famoso cristero prototipo del hombre alteño, alternó con el también famoso Lauro Rocha.

Triunfo cristero sobre los federales callistas en San Julián Jal. El Gral. Don Miguel Hernández y el capitán Victoriano Ramírez "El 14" comandan el ejército cristero entre ellos a los atotonilqueños.

# Cristeros Atotonilquenses pelearon a las órdenes del capitán Don Victoriano Ramírez, alias "el 14"

El prototipo de Cristero valiente, afamado, apegado a su religión a las armas, de fuego y a las mujeres; es decir un personaje alteño con visos de leyenda aparte de lo histórico. El legendario pasaje donde se dice que el apodo de "El Catorce", lo recibió a raíz de que las autoridades municipales de San Miguel el Alto, su tierra, al quererlo aprender por algunos delitos que había cometido al calor de su temperamento bravío le enviaron una escolta de 14 policías mismos que de uno en uno fue matando apostado tras unos muros, y al acabarlos les recogió sus rifles enviándoselos al presidente municipal con unos arrieros así como también el presuntuoso pero certero recado de  —"que para aprenderlo, enviara más policías ya que 14 no había podido ganarle el encuentro aquel" – dando así pie para su famoso apodo con el que se le conoció y se le sigue admirando su gigantesca personalidad y acción en La Epopeya Cristera".

También "El Catorce" comandó a los cristeros atotonilquenses en la famosa y gloriosa batalla de San Julián Jalisco En donde el Ejército de los Libertadores y defensores de la Fe Católica se cubrieron de gloria y se llenaron de entusiasmo al derrotar al flamante y presuntuoso ejército Callista en esta tierra de Los Altos de Jalisco": San Julián Jalisco el día 15 de marzo de 1927.

Fuente: Prof. y Lic. Luis Orozco Vázquez

# El antiguo mercado Juárez de Atotonilco el Alto, Jal. y los cristeros

Pocos días después de que el Gobierno callista dinamitara el Monumento a San Francisco de Asís, el 9 de enero de1927, que el Sr. Cura Don J. Jesús Angulo y el pueblo erigieron en el cerro llamado del Monumento, bajaron los cristero en tropel de caballos causando la expectación y zozobra a los atotonilquenses que huían de las calles hacia sus casas para ocultarse y proteger a su familia; los locatarios del mercado que ocupaban aquellos humildes puestos levantados con palos, sogas, láminas de cartón y toldos de mantas o viejas telas presenciaron una escena de venganza pon ideales de los creyentes contra los ateos, al decir del pueblo: los gobiernistas. Se encontraba en el centro de aquel mercado la imagen en un busto de cantera del "Patricio de la Reforma": Don Benito Juárez García, levantado a tiempo sobre una columna de cantera rústica por las autoridades municipales atotonilquenses, partidarios de Las Leyes de Reforma: que debemos decirlo, aquí en Atotonilco el Alto. Se juraron dichas leyes por el pueblo y autoridades municipales, en el templo de San Miguel Arcángel el día 19 de abril de 1857 guiados por el entonces Sr. Cura Don Miguel Fernández dándole a nuestro pueblo la fama de Reformistas, además de haberle llamado "Calle de La Reforma", a una parte de la llamada colonialmente Calle Real, y después Calle Hidalgo, nombre reformista que conservó dicha arteria vial cierto tiempo.

Con esto se comprende el hecho de tener una escultura y un mercado honrando a tal personaje de México, cuando en otros pueblos se le vituperaba y no se le aceptaba cívicamente mérito alguno al ex presidente Juárez. Así que los cristeros, sería por ello, o en venganza por la destrucción del Monumento Católico al Santo del "Amor y Paz"; atropellando puestos de vendimias lazaron la escultura, derrumbando su zócalo y así la arrastraron cuesta abajo lazo al cuello hasta hacerla añicos. Con ello los cristeros y lo atotonilquenses dejaron de lado o disimularon por algún tiempo su juarismo, y monumento y mercado desaparecieron para dar lugar al asiento y construcción de nuestro bello Mercado Hidalgo, joya arquitectónica remozada e histórico edificio que engalana nuestro "Vergel de Jalisco".

Fuente: Prof. y Lic. Luis Orozco Vázquez

"Mercado Juárez", de Atotonilco el Alto, Jal. Cristeros destruyendo la escultura a Don Benito Juárez, en respuesta el bombardeo del Monumento a San Francisco de Asís.

## El Portal de los Valle y Don Lorenzo Valle Valle, jefe de la "U" Cristera.

La "U" significaba la Unión Secreta Cristera que dependía de la Liga Nacional de la Defensa Religiosa, teniendo una gran secrecía, por lo cual Don Lorenzo Valle destacado líder del comercio y la industria en Atotonilco el Alto y la región y a la vez ferviente católico fue nombrado presidente de este organismo religioso y social. El Portal de los Valle edificio colonial ubicado en el centro frente al mercado Juárez y luego llamado Hidalgo; constaba de 2 o 3 casas habitación, oficinas, despachos, tienda, bodegas y anexos para fábrica de legía, jabones y artesanías en conserva de frutas, y elaboración de vinagres, vinos, etc. Ello hacía notorio el estatus social y económico de su principal dueño Don Lorenzo Valle; en él recibía las visitas y daba alojamiento muy discreto tanto a personajes del gobierno estatal y federal como a dirigentes de la iglesia católica: sacerdotes, señores Curas y obispos.

Se dice que llegaron a estar hospedados en dicha mansión tanto generales del ejército callista como Srs. Obispos, sin que unos y otros se diesen cuenta de que jefes de ambos bandos compartían, en diferentes casas, el mismo edificio lo cual es de admirar y apreciar de Don Lorenzo Valle, que así ayudaba políticamente a la causa cristera y nunca fue descubierto, aunque de alguna manera pagó su valor y servicios a la iglesia, sufriendo la muerte de su sobrino cristero activista y Presidente de la A.C.J.M. J. Trinidad Vázquez Valle, hijo de su hermana Doña Isabel Valle de Vázquez, quien fue preso y fusilado en Moyahua, Zac. El 28 de diciembre de 1928. Don Lorenzo Valle Valle, mi tío abuelo materno, ha sido reconocido por su pueblo en varias generaciones como Personaje Ilustre de Atotonilco el Alto, Jalisco

Fuente: Prof. y Lic. Luis Orozco Vázquez

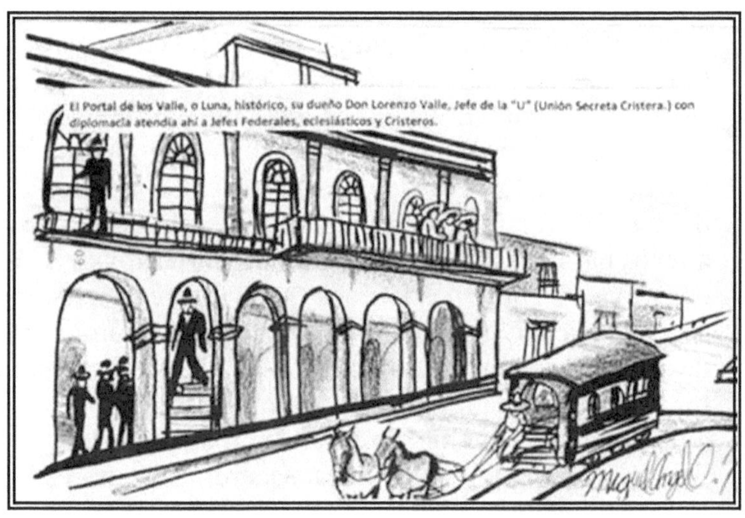

# Ataque al ferrocarril cerca de la Barca, Jal.

Muchos se ha comentado que los cristero atotonilquenses bajo las órdenes del Padre y General José Reyes Vega "El Pancho Villa en sotana", participaron en el descarrilamiento y asalto al tren de La Barca, Jalisco Y que buena parte del botín en oro y plata fue transportado a través de esos cerros del sur del municipio atotonilquense hasta Los Altos; se dice del botín que parte de ese dinero sustraído del tren en llamas fue enterrado en algunos lugares de dichos cerro o arrojado a una presa en equis lugar, todo ello realizado en la precipitada huida de los cristeros que venían siendo perseguidos por lo federales; lo cierto es que fue un episodio que perjudicó más que ayudar a la causa de la defensa de la libertad religiosa. Existen narraciones que hablan de gentes que se apropiaron de ese hurto y que buena parte del mismo quedó y está enterrada, ya que luego no recordaron o no pudieron los cristero ir a exhumarla y gozar de ese oro y plata, aunque también el pueblo menciona nombres de personas que se lo encontraron tiempo después y han podido disfrutar ese capital considerable. ¿Pudiera ser?

Lo cierto es que episodio se dio y que ha manchado la Epopeya Cristera como una tragedia injusta e inhumana contra aquellos pasajeros que murieron asesinados o calcinados en aquel tren que viajaba de Guadalajara a la ciudad de México D.F. aunque en defensa de los cristero se asegura que fue la soldadesca federal quienes no permitieron a los pasajeros abandonar los carros que aún no estaban en llamas y así los sentenciaron a ser muertos por el humo y el fuego. Tan lamentable suceso se realizó el día 19 de abril de 1927 en el punto llamado El Limón, cerca de la Estación del ferrocarril de La Barca, Jalisco.

Fuente: Prof. y Lic. Luis Orozco Vázquez

El Gral. Padre José Reyes Vega, con sus cristeros realiza el lamentable asalto al tren de La Barca, en 19 de abril de 1927.

74

# Felipe Álvarez Aceves Acejotaemero. Adolescente cristero y Enfermero, llegó a capitán cristero. (Relato tomado del libro "David").

Felipe Álvarez, joven acejotaemero nacido en Atotonilco el Alto, Jalisco, causó alta en el Ejército de Cristo Rey, a la edad de quince años. Su Padre se oponía a que saliera al campo por sus pocos años; pero él siguió pidiéndole le permitiera salir, conseguido el permiso se presentó ante uno de los jefes que lo recibió.

En su primer combate lloró de miedo y recibió reprimenda de parte de su Jefe; pero su amor a la cauda y las peticiones que hacía a Dios le dieron valor para continuar en la lucha y elevarse por sus méritos en campaña de soldado a Capitán. Dos veces fue herido en combate. Este valeroso joven tenía amplios conocimientos en curar heridas, pues con anterioridad había practicado mucho en el hospital de Atotonilco; esto sirvió a muchos de nuestros heridos que fueron curados por él. Pariente del General Lauro Rocha, fue muy perseguido por los callistas después de los "arreglos"; pero pudo escapar gracias a la protección de Dios.

Fuente: Sr. Felipe de Jesús.

(Acevedo, 2000. Tomo I, pág. 329)

76

## "La Generala Cristera"

Fue en la Hacienda del Castillo, en donde vivían varias familias que se levantaron en armas, entre ellas los Álvarez siendo Felipe un joven que se enlistó en el ejército del Padre y General Aristeo Pedroza, levantado en Tototlán, Jalisco Remontándose a la meseta llamada Los Altos de Jalisco, con el cual se unieron varios hombre y mujeres atotonilquenses para engrosar su filas defendiendo a la Religión Católica, a la Iglesia, a los sacerdotes o padrecitos y a las libertades del pueblo para pensar creer y practicar su religión, proclamar y enseñar a sus hijos sus fe, por ello recibieron el adjetivo de "Cristeros" con su famoso y ferviente grito: ¡Viva Cristo Rey y la Virgen de Guadalupe! Este fue el caso de los Álvarez que al estar en su casa Felipe Álvarez, joven cristero muy estimado por sus jefes dado su valor y entendimiento, convaleciendo de unas heridas recibidas por el ejército de federales, de pronto fue avisado que el gobierno se dirigía de Atotonilco el Alto por el antiguo Camino Real a Guadalajara, que en su trazo comprende esa hacienda del Castillo, y que además lo iban buscando, sin demora Felipe Álvarez y su hermana Ma. del Carmen, corren al corral de su casa a ensillar sus monturas, Carmen quien era fuerte de carácter, valiente, decidida y hermana mayor gritándole: —"Me voy contigo", fue en vano que Felipe y sus padres quisieron detenerla, ante gritos de advertencia de peligro, llantos y oraciones Carmen ayuda a Felipe a ensillar su caballo, preparando también el suyo y así Carmen con rebozo, sombrero y un buen rifle que tenía escondido pide la bendición a sus padres para ella y su hermano y al escuchar el grito de un vecino: ¡Ahí vienen los Guachos! Salen hacia el cerro a galope tendido los hermanos Álvarez. Se reunieron con el Padre Pedroza, con el cual participaron en varios combates, en donde Carmen se ganaba la admiración y el respeto de sus compañeros cristeros quienes llegaron a llamarla "La Generala".

Los atotonilquenses la recordamos con respeto y admiración.

Fuente: Prof. y Lic. Luis Orozco Vázquez

# Manuel Dueñas Barajas, el cristero revivido milagrosamente.

Manuel Dueñas, era un joven del rancho El Salitrillo, su padre, su madre, abuelo y toda su familia lucharon por sus ideales religiosos en la Gesta Cristera; Manuel se dio de alta como soldado de Cristo Rey en ejército del General Padre Aristeo Pedroza, destacándose por su valor y temeridad, ganándose así el aprecio y estima de sus General.

Un día, después de un combate en el municipio de Ayo el Chico, ahora Ayotlán, cercano al campamento del admirado Padre Pedroza, al producirse el ataque el Ejército Callista, se dio una desbandada cristera, huyendo algunos al cerro de las Villas en donde Manuel Dueñas se refugió en una cueva, más al tratar de atisbar al plan le entró una bala en la cabeza cayendo como muerto, pero al ver que seguía respirando mediamente, y al amparo de las tinieblas nocturnas sus compañeros lo cargaron con mil afanes hasta su casa, ubicada por la Calle Real debajo de la esquina "De Los Leones", en la cual su madre la Sra. Ma. Barajas había improvisado un pequeño hospitalito, ayudada por sus hijas y sus nueras que ejercían la acción caritativa de enfermeras; ahí Manuel fue vendado en su cabeza, y curado más con plegarias que con recursos medicinales, deliraba y enfebrecido pedía la presencia del Padre Aristeo, su general y amigo; al cual le mandan mensaje mediante un correo al cerro de Betania, en donde se encontraba; tarda el padre Pedroza en llagar por lo difícil de entrar al pueblo de Atotonilco el Alto, dado el abundante destacamento militar que lo resguardaba; Manuel arde en altas temperaturas, expulsa sangre y pus por oídos, nariz y boca, no puede recibir alimento alguno y va quedando como muerto.

Al tercer día de su estancia en cama bajo estas tremendas circunstancias a eso de las 2 de la madrugada, con el mayor sigilo llegan el Padre Pedroza y un acompañante, doña María que velaba al herido le saluda arrodillándose pidiéndole a Sacerdote General Cristero que pida a Dios por su hijo y lo cure; en tanto entra el papá de Manuel Dueñas, y dice al sacerdote: padre, pide a Dios que Manuel mi hijo sane y verá que él sigue luchando por Dios y por la patria.

El Sacerdote los tranquiliza, pide que lo dejen solo con el herido, hace oración unos minutos, y bendice a Manuel. Al salir de la casita (hospital), les dice a los padres; -Manuel seguirá siendo soldado de Cristo Rey- y sale en silencio en su caballo; pasando poco tiempo Manuel Dueñas vuelve al ejército Cristero.

Fuente: Prof. y Lic. Luis Orozco Vázquez

Manuel Dueñas Barajas, cristero revivido milagrosamente, su madre y el Padre Aristeo Pedroza.

Doña María Barajas de Dueñas y Manuel su hijo, herido por una bala en la cabeza revive y parte de nuevo a la lucha cristera.

Salvado Dueñas, salva al Gral. Padre Aristeo Pedroza dándole su caballo.

# Un caso terrible. Pedro Orozco. (Tomado del libro "David")

Pedro Orozco, soldado de Cristo Rey, murió en un combate cerca de Capilla de Guadalupe, Jalisco

El padre de este joven militaba al lado de los callistas y perseguía encarnizadamente a su hijo Pedro; en uno de los muchos combates que ambas fuerzas sostuvieron padre e hijo se encontraron; Pedro quiso rehuir la pelea, pero su padre lo obligó a defenderse. Como un castigo de Dios para aquel mal padre, su hijo le dio muerte. Cuando a Pedro le decían que cómo se había animado a disparar contra su padre, contestaba: Primero está Cristo que todo lo demás.

Fuente: Acevedo (2000).

Pedro Orozco, cristero, se enfrentan padre Federal e hijo.

Pedro Orozco, alteño cristero, dispara y mata a su padre.

## General Lauro Rocha González. "El general de 20 años", Atotonilquense

Lauro Rocha siendo ya general y encontrándose con su gente y su pueblo, en compañía de un buen amigo, suponemos que fue Pancho Peña, llegaron a la casa de Don Lorenzo Vallle Valle, siendo hospedados con todas las atenciones para él y su amigo y además por la vieja amistad que unía a Don Lorenzo Valle Valle con la familia Rocha González y con la familia de la Madre Luisita: de la Peña y Navarro a la que pertenecía también el general Lauro Rocha. Ya estando instalados en su cómoda y elegante habitación del Portal Valle, decidieron salir de incógnitas a la plaza principal, junto al Curato a cenar un rico pozole; con ancho sombrero y abrigadores gabanes llegan al puesto de cena típica ocupan los rústicos bancos largo y de 4 patas abiertas, piden sus platos de pozole y no bien daban las primeras cucharadas del tradicional platillo prehispánico cuando se acerca a la mesa un borrachín típico del pueblo y a gritos alaba al General Lauro Rocha, sin saber que estaba tan cerca de él diciendo al pueblo que lo escuchaba divertida: – "Mi general Lauro Rocha, sí que es un hombre valiente que les parte la madre a todos esto guachos" – (que en ese momento un grupo de soldados había salido del cercano cuartel federal.) y sin temor alguno sigue ahora diciéndoles a ellos: –Si mi Gral. Lauro Rocha estuviera aquí, ustedes no estarían tan tranquilos amagando a la gente pacífica"–.

El General y su amigo con recelosas miradas siguen "degustando" aquella cena, quizás sin tomarle sabor, ven acercarse a su mesa el grupo de soldados federales le ordenan callar al parlanchín pregonero, tomándolo de los brazos lo retiran de la mesa diciéndole que no debe molestar a la gente. Lauro y su amigo llevaban bajo los gabanes sus armas palpándolas discretamente ante la cercanía de los enemigos. No habiendo necesidad de sacarlas pasan así un rato de tensión terminando de cenar se retiran y se dirigen al mesón para salir apresuradamente a su campamento de los Altos.

Fuente: Prof. y Lic. Luis Orozco Vázquez

# Cristero mártir padre Rodrigo Aguilar Alemán (relato tomado del libro "David".)

El señor Cura D. Rodrigo Aguilar Alemán, ahorcado el 30 de octubre de 1927 festividad de Cristo Rey, en la población de Ejutla estado de Jalisco.

El Sr. Cura Aguilar era párroco de Tula; pero en fuerza de la cruel persecución religiosa se fue a refugiar a Ejutla, donde hasta entonces se respiraba un ambiente de mayor tranquilidad.

El general Juan de Dios Izaguirre, (había suprimido de su nombre la palabra "Dios" supliéndola por una "B" (que el pueblo comentaba ¿será Belcebú?); sabedor de que en Ejutla había un convento en donde se escondían 3 sacerdotes, se propuso capturarlos y entró con el 37° batallón a dicho pueblo, logró tomar preso sólo al padre Rodrigo Aguilar y lo sentenció a muerte por ser sacerdote, después de saqueados templo y convento llevaron al Sr. Cura Don Rodrigo y en la plaza principal, que se encontraba sola con un ruido de hojas que movía el viento fue ahorcado el sacerdote quedando colgado de un gran árbol de mangos.

La gente que había huido en desbandada hacia los cerros cercanos huyendo de la soldadesca, pudo ver desde su escondite que se iluminó la plaza a eso de la media noche a la hora en que moría el mártir un globo de luz que ascendió a lo alto y a una voz gritó: "El padre ha muerto y su alma sube al cielo."

El padre Aguilar nació en Sayula, Jalisco El 13 de marzo de 1875, recibió el presbiterado el 4 de enero de 1903, estuvo de paso en Atotonilco el Alto, en donde escribió una descripción muy poética de nuestro Atotonilco el Alto. Tiempo después fue vicario sacerdotal en la hacienda las Margaritas en donde se le recuerda y venera con una histórica fotografía en la sacristía de dicha parroquia como Mártir Cristero.

Fuente: Acevedo (2000).

# El hospitalito cristero en Atotonilco El Alto, Jal. y la familia Dueñas

En algunas familias la acción cristera fue abrazada y caritativamente puesta de manifiesto en aquellos aciagos día de la lucha cristera, una de esas familias ejemplares fue la familia Dueñas Barajas originarios del rancho del Salitrillo de la cual destacan todos la familiares como activos participantes en el movimiento cristero: iniciando por Don J. Trinidad, Dueñas quien escribió sus memorias, hablando de la participación heroica de su padre y hermanos Don J. Jesús Dueñas padre y ejemplo de valor cristero Salvador Dueñas –"que andaba de asistente del Padre Pedroza; con 22 balazos murió por salvar a su General Pedroza, a quien le habían matado su caballo cediéndole Salvador Dueñas el suyo, y al no aceptar cabalgar los dos en él, le dijo –"Sálvese usted Padre pues el cuaco no iría rápido con los dos" –así quedándose a pie y alcanzado por las balas murió heroicamente, luego al Padre Pedroza envió las ropas de Salvador a su familia. Otro héroe Dueñas, fue Manuel que luego de herido revivió y siguió luchando.

Sus padres: Don J. Refugio Dueñas fusilado en la hacienda del Tigre. Junto con Jesús Dueñas y otros del mismo apellido; también las mujeres de la familia Dueñas fueron heroínas cristeras: Doña Ma. Refugio, Trina Dueñas, nueras e hijas al acondicionar un hospitalito para curar a los cristeros en su propia casa ubicada en la calle Hidalgo de Atotonilco el Alto, muy cerca del Callejón de las flores que era la calle de salida hacia el camino Real en la parte sur de municipio. En donde se dice también que existió un túnel para llegar a dicho callejón desde el Templo de San Miguel, a fin de salir sin ser visto del centro de la población hacia los caminos, haciendas y a la estación del tren La Guayaba.

Así la Familia Dueñas tiene un lugar de honor en nuestra Historia Cristera.

Fuente: Prof. y Lic. Luis Orozco Vázquez

# De boticario, acejotaemero, líder político y social a general divisionario; en Atotonilco El Alto, inició su liderazgo, fue el soldado de Cristo J. Jesús Degollado Guizar.

En este pueblo había una gran actividad político electoral hacia 1925, el grupo de políticos consuetudinarios ya tenían su candidato "seguro" para presidente municipal de Atotonilco el Alto, Jalisco Pero las opiniones estaban muy divididas pues la mayoría de atotonilquenses querían que, su presidente fuese un honrado Sr. muy estimado por la gente; se fue definiendo el pueblo y los jóvenes tomaron partido. Un encuentro entre dos muchachos de familias destacadas discutieron sobre política en el "Hotel La Marina", frente al Mercado Juárez sacaron pistola accionando las a un tiempo y acabaron sin vida ahí junto al mostrador del hotel "pies contra pies". Aquel ambiente político empeoró, el gobierno municipal aplicó mano dura contra los jóvenes haciendo detenciones más de carácter político que disciplinario aplicando sanciones contra los contrarios del candidato propuesto por los caciques del pueblo; es aquí en donde Don Jesús el Boticario, ante la injusticia entra en acción a favor del pueblo y la democracia y el día de las elecciones en plena plaza resguarda las urnas electorales al frente de numerosas personas que se van colocando poco a poco a más a más tras Don Chuy Degollado, respaldando la elección para presidente municipal; las pistolas de civiles se adivinaban ante grupos de policías también armados, puede decirse que el valor del Boticario Degollado Guizar envalentó al pueblo pues también la presencia de mujeres se manifestó tras Don Jesús, su boticario y casi médico, como lo era para el pueblo atotonilquense. La elección la ganó el pueblo que así ganó un presidente a su elección y un líder protector de su salud y derechos civiles. Don Jesús Degollado Guizar, michoacano de Cotija de la Paz, vino a radicar a nuestro pueblo, casado ya de 19 años, atraído por el progreso que el trenecito había dado al Atotonilco de inicios de siglo XX; más tarde llegaría a ser Don Jesús Degollado Guizar el Gral. de División Cristero destacadísimo que al morir el Gral. Gorostienta llego a ser el segundo gran Jefe del Movimiento Cristero.

Fuente: Prof. y Lic. Luis Orozco Vázquez

El Gral. Don Jesús Degollado Guizar vivió Atotonilco el Alto, fue Boticario y Líder social. Vino de Cotija atraído por el tren y su progreso.

# Batalla en la Hacienda de "Lagunillas", Jalisco.

El General don Jesús Degollado Guizar, yendo de Zacatecas a Michoacán, durante el mes de mayo de 1927, pasó por dicha Hacienda en donde llegó al atardecer; el Comandante de la columna nombró los servicios de vigilancia y columna, y luego del rezo del santo Rosario se dieron al descanso; se dice que llevaba más de 200 cristeros y un sacerdote que en la mañana apenas  oficiada la misa en las que además de recibir la comunión hacían por su voluntad juramento de obediencia y fidelidad al Ejército de Cristo y a sus superiores; tomaron algún alimento en tanto una corneta les llamaba a ensillar, y cuando iniciaban la marcha fueron atacados por el Ejército Federal. Se organizó la defensa, tomaron posiciones pero ante la imposibilidad de sostenerse luego de que línea del centro de desorganizó un Teniente Coronel dio la orden de retirarse.

En poco tiempo fueron desalojados de sus posiciones, el portaestandarte cayó con la Bandera rota por las balas envolviendo el ensangrentado cuerpo del cristero; fue rescatada por el Capitán García, quien la entregó luego al General Don Jesús Degollado Guizar, recibiéndola desgarrada y ensangrentada la enarbola y aunque perdieron el combate obtuvieron del enemigo algunos cartuchos y varios rifles, y lo más sagrado quedó como trofeo histórico: aquel Estandarte impresas en él las imágenes y vítores de

Cristo Rey y La Virgen de Guadalupe, teñido con sangre de los "Soldados de Fe".

Fuente: Prof. y Lic. Luis Orozco Vázquez

## La Maestra Toñita Castillo de la cueva, ejemplar cristera de las "B.b. Santa Juana de Arco".

Toñita, hija del maestro Don Pedro Castillo y Ma. Soledad de la Cueva. El maestro Castillo realizó una labor educativa ejemplar en este pueblo, formando a muchos jóvenes y niños que alcanzaron gran preparación y puestos laborales en Guadalajara, ciudad de México y otras ciudades importante, heredando Toñita la vocación, empeño y éxitos pedagógicos similares a los de su padre, así como el fervor religioso de su familia, con lo cual se asoció a la labor de las activistas Santa Juana de Arco. La Maestra Toñita visitaba a familias pudientes motivándolas a proporcionar recursos como alimentos, ropa y materiales bélicos para los soldados de Cristo Rey y Santa Ma. de Guadalupe, como eran llamados con admiración por el pueblo católico. Toñita organizó la valiente transportación de estos preciados elementos por medio de un grupo de jóvenes damas que afrontando mil peligros acudían a los campamentos cristeros con esta noble misión. Ni que pensar en los riesgos que corrían aquellas mujeres cristeras, desde la honra hasta la cárcel y vida; varias de ellas, sabemos, fueron descubiertas y recluidas en cárceles desde municipales hasta el penal máxima de la federación como es el penal de las Islas Marías. La maestra Toñita sobrevivió la Epopeya Cristera y llegó a tener en Guadalajara Jalisco el reconocimiento de la diócesis de Guadalajara, con el puesto de Directora de un colegio particular, con sueldo y casa para vivir sus últimos años; en la Historia Cristera de Jalisco, se reconoce la obra de esta inteligente, católica y esforzada mujer atotonilquense que supo cumplir su misión en el momento histórico que le toco vivir.

Fuente: Prof. y Lic. Luis Orozco Vázquez

La Maestra Toñita Castillo de la Cueva, atotonilquense, cristera reconocida en Jalisco como gran "B.B." y su grupo de activistaJuana de Arco, llevando armas, parque, ropa, medicinas y comida a los campamentos cristeros.

# Colocación de las campanas

En 1927 a instancia del Padre Pérez quien colectaba por todo el pueblo para ese fin, se colocaron las campanas faltantes en la torre del Templo de San Miguel; habiendo sido fundidas con aportación de alhajas preciadas y monedas de oro donadas por el favor del pueblo, en la fragua de Don Atenógenes Jacobo, prestigiado herrero y artífice connotado. La colocación de las campanas, fue una odisea donde triunfó el ingenio y el músculo de nuestro coterráneos. Durante los días de su fundición y mayormente de su colocación todo el pueblo colaboró y vivió pendiente de este suceso, que le dejó mucha unión y satisfacción pueblerina.

Fuente: Prof. y Lic. Luis Orozco Vázquez

Colocación de las campanas en la torre de San Miguel Arcángel.

Mártir don Julio Curiel honorable comerciante, fue llevado entre ofensas y golpes al panteón municipal de Atotonilco el Alto, en donde fue fusilado, suplantando a su hijo homónimo.

# La fuente de las colonias

En 1927, fungió como director político de Atotonilco el Alto, el Sr. José Gutiérrez, siendo él quien mando construir la fuente de las colonias; que por algún tiempo engalanó la entrada norte de la población, ubicándose en la confluencia de las Calles Hidalgo y Santa Rosa. Junto a tal fuente y ocupando la esquina sur-oeste el director político levantó también su casa habitación, la citada fuente que mucho embellecía esa colonia, fue suprimida por el pueblo, poco después del movimiento cristero, dado que era mal vista por la mayoría de los habitantes, pues se rumoraba que para construir la fuente y su casa, el Sr. Gutiérrez había substraído el ladrillo destinado a concluir la obra del cementerio local, (nada de ello fue comprobado). Más la fuente cayó, sólo se conservan fotografías de ella y luce en una pintura, que afortunadamente se conservaba en la casa llamada de Don Guadalupe Vázquez, (Presumiblemente de manos del Sr. Guadalupe Zuno, decorador de algunas casas, entre ellas las de Don Lorenzo Valle Valle). Hablando de esta área debemos resaltar en contra esquina de la "Casa Gutiérrez" ya mencionada, la existencia floreciente en esa época de los "Baños del Edén", los cuales contaban con arquería suntuosa, soleado corredor, administración y jardines, más en su esencian cuatro albercas bardeadas, tres poco profundas y privadas y la "uno" que era comunitaria pero sólo para hombres (no se usaba traje de baño) y requería de buenos nadadores. Muchos deben recordar estos típicos lugares. Frente a estos baños y aún más antiguos, existieron los baños de "doña Esther" (donde hoy está la casa residencial de Sr. Enrique Fonseca N). Con arquería similar a los Edén y en su entrada con amplia gradería; ambos fueron lugares de recreo que mucho agradaron a nuestros mayores y visitantes turistas, sobre todo de los altos de Jalisco.

Fuente: Prof. y Lic. Luis Orozco Vázquez

## Relato del Sr. Don Ramón Torres Salazar, niño que vivió la gesta cristera hacia sus diez o doce años en Los Altos de Jalisco.

Después de las "concentraciones" realizadas por órdenes del gobierno ¡Ah cuánto sufrió la gente de Los Altos! Mi padre Ramón Torres que era del rancho del Nogal, cerca de Arandas, tenía un atajo de burros y machos de carga, éramos arrieros que llevábamos: leña, mercancías, muebles de casa para cambio de domicilio de un pueblo a otro, pasábamos por los ranchos, haciendas y aquello era tremendo, las casas abandonadas algunas a puertas cerradas otras con puertas abiertas sólo movidas por el viento que en algunos lugares sólo eso se oía cuando movía la hojarasca o pasaba silbando entre los árboles; en los corrales de las casas, patios y caminos las reses, perros, puercos, gallinas y demás animalitos que habían quedado abandonados andaban sedientos y algunos hambrientos, otros encontraban maíz en los pajeros como las gallinas que dejaban posturas de huevos abandonados tristemente en amplios círculos, pero por falta de agua morían sin encontrarla, llegamos a ver charcos podridos en donde tenían que beberla así las reses, en otros aguajes al irse secando el agua los animales por seguirla se enfangaban hasta la pansa y ahí morían lentamente sin poder salir; se escuchaban en los caseríos ladridos de perros, mugir de ganado, gruñido de puerco que buscaban sobrevivir con algo, así mismo un coyotal que aullaban,

¡Ah como atacaban corrales y casas para comerse gallinas y puercos! En los pueblos cristeros hacían falta muchas cosas para comer desde cebollas que nosotros a veces llevábamos a Arandas Atotonilco y a otros pueblos, así como cal tan necesaria desde para el nixtamal y las tortillas.

El gobierno ¡Ah cuantos bueyes y demás animales mataban para alimentar a la tropa!, se adueñaron de todo lo que quedó abandonado cuando el bombardeo nos sacó, ¡Qué tristeza! ¡Cuánto sufrimiento y dolor pasamos! Días sin comer y mal dormir por la constante balacera de federales y cristeros, como aquella vez que yendo de Tecualtitán hacia Arandas llevábamos carga de cal en aquellos diez o doce burritos que mi padre tenía, cuando llegamos al camino sobre bordos con algo de agua que pasaba entre dos cerros  se estaban agarrando a balazos de cerro a cerro el ejército federal callista con la gente del jefe cristero Chon Ibarra, las balas retumbaban al chocar con las piedras o pegar en el suelo, nos pasaban muy cerca y nosotros arriábamos más aprisa a nuestras vestías de carga, en eso sale mi tío Manuel Salazar, cristero, que andaba con el tal Chon Ibarra y nos grita: –"Devuélvanse dice mi jefe que se regresen a la Hacienda de la Punta y que esperen allí hasta que él le mande aviso", –"Mi padre quiso seguir porque no habíamos cenado un día antes y ni almuerzo ni comida ese día, pero mi tío le pega el grito: –"¡Con una tiznada! ¡Pos ¿Qué no oye? Regrésense! y adelantándose a los burros les da vuelta con lo cual no quedó más remedio y vamos para atrás: "Parecía el fin del mundo", hasta rajas de piedra nos volaban por los lados, entre aquel estruendo tremendo de balas, gritos, relinchos, peñas que se desprenden, ¡Sólo Dios nos podía librar y nos libró!.

Ya casi para obscurecer se retiraron los federales y Chon nos mandó decir que pasáramos; llegamos de noche al Rancho el Nogal "muriéndonos de hambre", vivía ahí don Cipriano Cervantes, hombre sátiro que se compadeció de nosotros y nos dio de cenar entre palabrotas de ofensa y broma, creo que ahí comí las tortillas más sabrosas de mi vida.

Fuente: Ramón Torres Salazar y Prof. y Lic. Luis Orozco Vázquez

## Las epidemias de viruela y la peste relato de la Sra. Ángela Órnelas Vázquez de la Hda. de Guadalupe vivió en la comunidad de la primavera y luego en Atotonilco El Alto, Jal.

De niña me tocó ver morir a mucha gente cuando se vino la Viruela, que la gente empezaba con dolor de cabeza y mucha calentura, los puntitos en todo el cuerpo se hacían granos que daban mucho comezón y luego de hincharse se abrían soltando pus y sangre; había veces que hasta adentro de los ojos les salía la Viruela negra que los cegaba y así morían. A veces cuando veníamos de enterrar a uno de la familia ya estaba muerto otro, así que muy pocos se aliviaban.

En la otra Peste fue peor la del 29 que le llamaban gripa española esa barrió con familias completas, sin medicinas, sólo había boticas y un médico, el Dr. José Ma. Rojas daba medicina regalada a su casa se le llamó la caza de las Lágrimas, la gente hacía fila en la banqueta, estaba en la calle del embarque para abajo. ¡Ah que triste aquel tiempo!

En esa peste se les caían hasta los dientes a los pobres enfermos y los llevaban al camposanto en un carretón aventando los cuerpos a la fosa común, pues no se daban abasto para enterrarlos. Hubo ca-

sas en que murió toda la gente. Fue en La Cristera.
Bien dicen que un mal no viene solo.

Prof. y Lic. Luis Orozco Vázquez

En las epidemias de Viruela y Gripa Española; 1927-1929. Murieron millares de personas, consecuencia de Las Concentraciones Cristeras.

106

## Relato cristero de la Sra. Doña María Magaña López de 90 años una abuelita cristera.

Nací en la Hacienda vieja entre Arandas y Ayo el chico, cerca del río la Colambre, tuve muchos hermanos que murieron en esa revolución, recuerdo a Lorenzo Magaña López mi hermano que murió de fiebre española, y a los 13 días murió mucha gente; en la primera revolución Antonio, murió sin culpa alguna en una cueva del Rincón del Molino, estaba escondido con su familia cuando llegaron los sardos le quitaron de los brazos a su hijo y a él lo fusilaron en esa barranca dejando a su familia sola y desamparada ¡Cuánto sufrimiento vivimos!.

En la segunda revolución (¿concentración?) murió Juanita mi hermana, y Juan también él murió en su caballo en el combate de Santa María del Valle; luego se nos vinieron muchas más enfermedades, como el sarampión, y sin qué curarnos, murieron más como Santitos mi hermano que murió sin remedio alguno para esos males. Después, en la segunda revolución en la Hacienda Vieja hubo muchos soldados del gobierno y cristeros también que llegaban a comer a las casas de la pobre gente que temblando de miedo teníamos que darles las pocas tortillas con chile y cuando bien nos iba con algo de frijolitos en caldo. (Hasta aquí les cuenta a sus nietos de sus amargos recuerdos, quizás trae a su mente al "catorce", o a Lauro Rocha, de quien dice se disfrazaba de militar y de ranchero cristero).

Esto fue sólo una mínima mirada actual a dicha época para mediante la reflexión considerar los sufrimientos vividos heroicamente por muchas familias no sólo en los combates sino en aquellos tristes y humildes hogares cristeros.

Fuente: María Magaña López y Prof. y Lic. Luis Orozco Vázquez

Sra. Doña María Magaña López, de niña vive la cristera y relata sus sufrimientos y memorias.

Salvador Magaña López, alteño pacífico, en el Rincón del Molino le es arrebatado su hijo pequeño en una cueva y ahi martirizado y muerto.

El cristero Juan Magaña López, muere en su caballo sosteniéndose en él lo encuentran muerto sobre su corcel en Santa Ma. Del Valle, Jal.

Federales y Cristeros llegaban a las pobres casas a comer lo poco que había nos relata Doña María.

## El dinero en oro y plata que los cristero obtuvieron en el asalto al tren de La Barca.

Luego de tan lamentable suceso acontecido y que perjudicó la causa cristera más que ayudarla, el General Padre Reyes Vega, repartió algunos pesos de plata a cada cristero, y algunos sustrajeron según se dice, morralitos de manta huyendo con ellos, pasando por estos cerros entre La Barca, y Atotonilco el Alto, hacia Los Altos, y como eran perseguidos por los federales no faltó quien lo enterrara con el plan de regresar algún día a sacarlo y llevárselo para su disfrute, dinero que años después en ciertos casos fue encontrado y disfrutado por personas que por suerte lo gozaron sin trabajo alguno. Es sabido que una buena cantidad de este oro y plata en monedas y barras, lo confió el Padre Vega a un importante hacendado alteño atotonilquense quien  la depositó en costales de raspa arrojándolos a una presa de rojizas aguas. Cuéntese que pasado el conflicto cristero otro señor alteño sabedor de ese tesoro ideó rescatarlo para lo cual mató dos perros y los arrojo nocturnamente a tal presa y una vez que al entrar dichos animales en descomposición y pudriendo el agua diciéndose que los perros posiblemente tenían el mal (hidrofobia) convenció al amo para que le dejara secar la presa, lo cual realizó y una noche amparado por las sombras nocturnas sacó costales y dinero haciéndose muy rico viniendo a radicar a este pueblo. Así, tal episodio cristero aparte de cruel y lamentable fue contra productivo para la causa cristera.

## El Padre J. Jesús Angulo, "El Sr. del Valle" obispo de Tabasco, fundador de San Francisco de Asís población cristera

J. Jesús Angulo, nació en la Hacienda De El Valle y al quedar sin sus padres entró a servir en la casa grande de dicha Hacienda Propiedad de los Srs. Don Epigmenio de la Peña y doña Ma. Luisa Navarro, quienes al conocer la inteligencia de Jesús lo enviaron a estudiar al seminario diocesano de Guadalajara, Jalisco donde se distinguió como excelente seminarista por lo cual fue enviado a Roma, Italia, en donde estudia ordenándose le sacerdote; vuelve a Guadalajara y el Sr. Arzobispo Don Francisco Orozco y Jiménez, lo comisiona como ministro a la vicaría de la Hacienda La Estanzuela, en donde logra el gran aprecio de los vecinos y hacendados quienes siguiendo las progresistas ideas religioso-sociales del padre Jesús Angulo, fundan el nuevo poblado de San Francisco de Asís; trazan calles, construyen el templo, el panteón, una escuela con religiosas carmelitas; Ayudado por el Sr. Obispo Orozco y Jiménez, se funda la parroquia de San Francisco de Asís, siendo el primer Sr. Cura el padre Don J. Jesús Angulo, quien al iniciarse el problema cristero él no suspende los cultos y oficia misas e imparte los sacramentos, oficiando la primera misa y bendiciendo a los Cristeros atotonilquenses por lo cual es buscado por el gobierno callista, logrando huir disfrazado de arriero de Guadalajara a México capital, cambiando su nombre por el Sr. Del Valle, y es consagrado Obispo de la Iglesia Católica siendo enviado como tal a Villahermosa Tabasco, lugar o diócesis por demás anticatólica.

El niño J. Jesús Angulo de la Hda. de El Valle, ayudado por sus amos los Srs. Don Epigmenio de la Peña y Doña Luisa Navarro, (padres de la Madre Luisita.) Sacerdote Cristero atotonilquense destacado.

Estando bajo un árbol en donde oficiaba la misa sobre su beliz, el Sr. Del Valle es visitado por el mandatario estatal quien le interroga burlonamente: –¿ustedes es el nuevo cura? – A lo que el Sr. Obispo le contesta –No, señor no soy cura – ¡Ah, aparte de nagualón es usted un cobarde! –No, señor es que no soy cura, soy Obispo – ¡Pues lo que sea vaya usted a tiznar a su Madre! – ¡Lamento no poder darle ese

Don J. Jesús Angulo Obispo de Tabasco, construye la catedral de Villahermosa, Tab.

gusto, porque ya no la tengo, pero si me presta la suya con gusto la tiznamos! – De inmediato los guardianes del Gobernador sacan sus armas para dispararle, pero el mandatario los detiene y ríe con gusto exclamando – ¡Vaya que si es usted hombre para defenderse! , eso me gusta y voy a ayudarle – ¿En dónde vive usted? – le dice al Sr. Obispo. –Aquí debajo de este árbol – contesta. – Bien pues, diciendo a sus soldados, lleven al Sr. Obispo, mi amigo, a la casa que está a un lado de la mía, y volviéndose al Sr. Del Valle concreta, ahí tendrá usted todo lo necesario y cuente conmigo. Así el Sr. Obispo pasa a habitar una casa digna en la cual teniendo de vecinos al Sr. Gobernador y a su familia, hace amistad con la primera dama, quien le ayudará en su obra religiosa y material como activista, construyendo en poco tiempo la iglesia Catedral de Villahermosa Tabasco, anticipando la construcción de su torre a la techumbre de templo, al decir del Sr. Obispo en donde fue muy querido y respetado "para que la magnífica torre sea admirara y luciera en todo el Valle del Grijalva".

Se dice que en Villahermosa Tabasco es también un personaje importante de su historia local como lo es en nuestro municipio Atotonilco el Alto, Jalisco considerado como personaje Ilustre tanto en San Francisco de Asís, como en Atotonilco el Alto, así como destacado personaje Cristero.

Fuente: Prof. y Lic. Luis Orozco Vázquez

El Padre J. Jesús Angulo, fundador de San Francisco de Asís de Atotonilco el Alto, Jal. Construye con el pueblo el templo y traza dicha población alteña con relevante historia cristera.

"El Sr. Del Valle": J. Jesús Angulo cristero atotonilquense y Obispo de Villahermosa, Tabasco. "Sr. del Valle" (J. Jesús Angulo atotonilquense, enfrenta al Sr. Gobernador de ese estado.

**Un hijo predilecto del pueblo de Atotonilco El Alto, sacerdote dominico de los llamados "perros de dios", orador sagrado: el pico de oro." Guía de las "bb" cristeras activistas fue Fray Mariano Navarro.**

–"¡Qué sermones"! – decía el pueblo católico, y –"¡Qué discurso más hermoso"! –agregaban otros, refiriéndose al que Fray Mariano Navarro, había escrito y pronunciado en la Velada Literario-Musical, realizada en diciembre de 1930, ante lo más granado de la sociedad atotonilqueña para conmemorar el cuarto Centenario de su Fundación hispánica: 15 de junio de 1530. Con toda razón opinamos así los atotonilquenses y todo aquel que llega a saber a fondo de nuestro Fray Mariano Navarro; seguimos admirando al "Pico de Oro", de la orden de "Los Perros de Dios", por la defensa que hacen de todo lo religioso-cristiano, y en el caso de este Dominico también promotor del "Vergel de Jalisco" y su: cultura, progreso y bienestar espiritual. Fran Mariano se manifestó como guía de las mujeres cristeras activistas, que ayudaron a los cristeros desde confeccionándoles ropa, enviándoles comida y medicinas hasta hacerles llegar los tan necesario pertrechos de guerra. Desde la ciudad de México, Puebla, Guadalajara en el púlpito, pódium o cualquier tribuna Fray Mariano defendió y exaltó la causa de la defensa de las libertades humanas; veamos y disfrutemos un párrafo de su discurso "Apoteosis Cristera". Pronunciado en la Catedral de México D.F.

Discurso-Homilia de Fray Mariano Navarro

La homilía de Fray Mariano Navarro, describe de manera elocuente a la Guerra Cristera, refiriéndose a ella de la siguiente manera: La Epopeya Cristera, es semejante a "La Ilíada" de Homero, a "La Eneida", de Virgilio, a la Jerusalén liberada, de Tasso... y continúa diciendo: debe erigirse a los Cristeros un magno monumento, grandioso, para que pueda ser visto de todos, debiendo ser el más hermoso; comparado a las Pirámides de Teotihuacán, levantado sobre enormes pilotes de acero, y sobre ellos con letras de oro, los nombres de todos los Cristeros que murieron y pelearon por su fe para que tal monumento les sirva de sarcófago, catafalco y relicario." Acevedo (2000).

Fuente: Prof. y Lic. Luis Orozco Vázquez

El Padre Fray Mariano Navarro "El Pico de Oro", atotonilquense organizador y consejero de las "BB de Santa Juana de Arco" cristeras importantísimas.

# Capitán Gabino Álvarez Flores, cristero atotonilquense que es admirado como santo en Los Altos de Jalisco.

Aquel domingo del 30 de mayo de 1928 no era igual que otros domingos en Atotonilco el Alto, el pueblo estaba en enorme tensión, pues se sabía y se comentaba en secreto que el Capitán Gabino Álvarez, había sido bajado de Los Altos como preso del gobierno y lo tenían en el Cuartel Federal que se encontraba anexo al Curato del Templo de San Miguel Arcángel, frente al antiguo Jardín Hidalgo, ante el cual no dejaba de pasar gente del pueblo mostrando notoria preocupación, temor y tristeza, por el célebre preso que pertenecía a una destacada familia de la ex hacienda o rancho La Purísima hermano del cristero Capitán Don Cayetano Álvarez Flores, también muy importante por su participación cristera, así como la ayuda de su esposa Doña Crucita Fonseca Hernández, ejemplar e histórica mujer cristera alteña.

De pronto, al medio día sale del cuartel una escolta armada llevando al Capitán Gabino Álvarez, es notorio su mal estado físico por el maltrato que ha recibido, la gente se retira hacia los troncos de los árboles o las esquinas de las casas viendo como lo atan a las rejas de una ventana del Curato, pide agua y un soldado tomando una piedra del destruido empedrado da tremendo golpe con ella en la cara de Gabino, destruyéndole parte de su dentadura y nariz con abundante sangrado que cae sobre sus maltratadas ropas, se ordena al pelotón y suena una trompeta tras la cual una andanada de plomo atraviesa el cuerpo del cristero, quedando colgando sin vida sobre gran reguero de sangre que tiñen de rojo las piedras de la calle, como aquella con que inició su martirio final. Una bala penetró al patio de Curato y al impactar en un pilar de cantera dejó un hueco como triste recuerdo de aquel ejemplar cristero que después de varios años fue encontrado en su tumba sin descomponerse su cuerpo.

Fuente: Prof. y Lic. Luis Orozco Vázquez

# Don Margarito Ramirez Miranda y su discreta ayuda a los cristeros atotonilquenses

Don Margarito Ramírez Miranda, atotonilquense fue Gobernador del Estado de Jalisco entre 1927 y 1929, se enfrentó al problema cristero, y como Gobernado fustigó al ejército cristero enviando en su contra y con todo el apoyo oficial a los combatientes agrarista de Zacatecas, San Luis Potosí y desde luego a los de Jalisco; los cuales que aunque la mayoría era católicos confesos, tuvieron que luchar en contra del ejército libertador de "La Liga de la Defensa Religiosa", dado que estaban comprometidos con el Gobierno Federal por la donación de tierra que ya habían recibido las Leyes Ejidales y así lo hicieron.

Don Margarito Ramírez, pese a ello, siempre fue informado de la situación que guardaba su pueblo atotonilquense, además porque, su hija Margarita Ramírez Estrada que aquí residió un tiempo a cargo de la señorita Ma. Guadalupe Escoto como pupila y mentora respectivamente.

Entre otros, se cuenta el caso de la Sra. Doña Concepción Salazar de Vázquez que siendo una culta dama, perteneciente a las mejores familias atotonilquenses descendiente de potentados y esposa de importante y católico hacendado atotonilquense el señor Don Medardo Vázquez Cerpa, ella ayudaba las jóvenes mujeres activistas de la "Asociación Santa Juana de Arco", en la consecución y transportación de pertrechos de guerra: armas y parque para los cristero por lo cual fue arrestada y enviada a las Islas Marías; tomando la decisión en familia, de que fuera acompañada por su hija mayor a dicho penal; ambas se encontraron en el tren a Don Margarito Ramírez, quien había sido informado de dicho arresto; él las entrevista y les ofrece su apoyo y al preguntarle a la niña si tenía miedo de ir a la prisión, ella ingenuamente, sin conocerlo, le dice: – "No tenemos miedo porque nos dijeron que un señor muy bueno nos va ayudar" –¿Quién es él? Pregunta el Gobernador, y la niña le contesta: – "Se llama Don Margarito Ramírez, y dicen que es muy bueno". –En efecto, al llegar a la Isla María fueron tratadas con toda atención, instaladas en casa especial por órdenes del Gobernador de Jalisco: Don Margarito Ramírez Miranda. Además fueron liberadas y volvieron a su casa en poco tiempo.

Fuente: Prof. y Lic. Luis Orozco Vázquez

Don Margarito Ramírez, Gobernador de Jalisco brinda ayuda a algunas mujeres cristeras.

Mujeres activistas son puestas presas y enviadas al penal de Las Islas Marías.

# Los mártires del rancho los adobes, de Atotonilco El Alto, Jal. luminosa historia cristera

Diez vecinos pacíficos cuyo único delito fue ser católicos. El general federal Domínguez Garza y el Coronel Lacarra, cobraron venganza en dichas personas por la muerte de uno de sus soldados asesinado cerca de ahí, lo que les motivo a ir colgando uno a uno ante la vista obligada de sus familiares y vecinos que fueron victimados también por el dolor, la desesperación y la impotencia de no poder evitar ver sufrir y morir a esposos, padres, hermanos o hijos injusta y cruelmente quedando el camino real ensangrentado, con aires y sombras de muerte en aquel caserío.

Fueron maltratados, atados con sogas, golpeados, amenazados de muerte en tanto ellos rezaban el rosario para luego ser ahorcados, otros masacrados por herraduras de las patas de caballos o por heridas de balas del gobierno callista, morían serenos por la fuerza de su fe al pensar que pronto los recibiría en la gloria el Cristo Rey al que en la noche habían aclamado.

Diez muerto quedaron, entre ellos padre e hijo: los Padilla uno deseando salvar a su padre en respuesta también sufrió la muerte masacrado. Noche de llantos fue aquel 12 de agosto de 1928, en Los Adobes; al día siguiente se dio el macabro cortejo de cadáveres sangrantes bajados por la cuesta alteña en burros conmocionando al pueblo atotonilquense y luego de ser registrados en la Presidencia municipal y ser sepultados en fosa común en el panteón municipal, hoy en San Miguel Arcángel.

Los 10 Mártires de Adobes fueron los siguientes: Los Padilla, Marcos González, Ángel Hernández, Eusebio Angulo, José Guadalupe Angulo, José Jesús Orozco, Juan Vázquez, Máximo Campos y Luis Hernández.

Así Atotonilco el Alto, Jalisco Tiene en su historia el honor contar con 10 Mártires más de la Epopeya Cristera.

Fuente: Prof. y Lic. Luis Orozco Vázquez

Don Valerio Padilla, suplica de rodillas se deje en libertad a su hijo Alberto; Mártires de los Adobes."

Eusebio Angulo Mártir cristero de los Adobes, los soldados callista echaron sus caballos sobre su cuerpo triturándolo.

Rancho Los Adobes y sus 10 Mártires atotonilquenses 12 de agosto de 1928.

Los diez Mártires cristeros de Los Adobes son traídos a Atotonilco el Alto, en tétrico cortejo para ser registrados y sepultados.

# Martín Angulo, mártir cristero de Santa Quiteria.

Sin tener datos precisos los vecinos de San Francisco de Asís y los de la Hacienda De la Soledad cercana al rancho de Santa Quiteria tienen como un santo al que fuera su vecino de nombre Martín Angulo, quien como las personas y familias de esta Hacienda en donde es al decir de ellos "la mata de los Angulo, son muy apegados a la religión católica, trabajadores y muy sinceros. Martín, joven alteño salió a sus labores del campo contando con salvoconducto, en plena labor en su solar ve a lo lejos al ejército federal y sin pensar corre hacia el camino tratando de llegar al caserío de Santa Quiteria; de inmediato los soldados galopan y le dan alcance, es lazado con fuerte soga cae y es arrastrado brutalmente, rodeado por brioso corceles le ordenan ponerse de pie, su pobre y destrozada vestimenta de campesino: calzón y camisa de manta deja ver su facción católica: rosario y escapulario marianos lo delatan, él trata de sacar de entre el ceñidor rojo su salvoconducto más no le esperan ordenando le quitarse y tirar aquellos devocionarios cristianos retirándole la soga, más él permanece con sangrantes y profundas raspadas en todo el cuerpo y temblando sostiene apegando a su pecho sus insignias religiosas. Ante esta actitud de desobediencia y de muestras de fe. Es empujado por una bota federal. Cayendo boca abajo sin soltar su rosario y escapulario, suenan los rifles vomitando plomo y antes de que expire es pisoteado Martín por la caballada alcanzando a decir: –¡Viva Cristo Rey!– Su cuerpo permaneció incorrupto después de 4 días tirado en el campo y en lugar de mal olor despedía olores a flor.

Fuente: Prof. y Lic. Luis Orozco Vázquez

Mártir Martín Angulo, su cadáver baleado y pisoteado fue encontrado días después y se dice despedía olor a flores. Sucedió en Santa Quiteria de este municipio.

# Niño Domingo Rodríguez, mártir de La Purísima.

La Purísima, en los Altos, se encuentra cerca a la Hacienda de El Tigre, es un pequeño pero muy formal poblado con personas católicas, emprendedoras y muy trabajadoras tanto en aspectos materiales progresistas, como en las sociales y sobre todo en los religiosos; cuenta con un bello y muy meritorio templo con 2 altas torres como símbolo de su riqueza espiritual, su bella plaza corazón social, además de un artístico e histórico mural en el cual se exalta su cultura local y su historia siendo un homenaje a sus mujeres y hombres ilustres.

En dicho legado pictográfico realizado por un joven lugareño Barba Escoto, aparece como imagen señera la presencia del Sr. Cura Don J. Jesús Angulo, personaje benefactor de dicha comunidad, mismo que en la álgida etapa cristera llegó a radicar en ese caserío que era parte de su parroquia.

El gobierno, que le buscaba tenazmente sabía que ahí podía encontrarlo; al ir con tal fin una partida de soldados en un camino cercano a Purísima se encontró al niño de entre 10 y 11 años llamado Domingo Rodríguez, quien era surtidor de tortillas y mandadero de los cristeros sabiendo muy bien el "santo y seña" de muchos vecinos y alzados católicos de la región, en especial conocía al Sr. Cura Angulo que ahí cerca tenía su lugar de retiro. Detienen a Domingo, lo interrogan y suben a un caballo llevándolo al caserío, en varios tonos le preguntan por el Sr. Cura, más Domingo sin inmutarse sólo los ve. Ya en el centro del poblado bajándolo de la montura aún más lo presionan para que hable y delante a los cristeros que conoce pero el niño, con lágrimas mal reprimidas soporta todo en silencio, el jefe ordena buscar en las casas, se dispersan y cuando Domingo los ve descuidados, corre hacía el camino real, siendo impactado por una ráfaga de certeras balas, cae sobre la tierra en esa calle céntrica de Los Altos de Jalisco y luego de ser removido por la bota de un soldado muere mirando al cielo.

Fuente: Prof. y Lic. Luis Orozco Vázquez

# Corrido de cristeros y agraristas

(ANÓNIMO)

Salimos de Margaritas

apretando bien las sillas,

nos estaban esperando

en la hacienda de Milpillas.


Ese día nos tirotearon

sin que encontremos delito,

en Atotonilco el Alto

fue donde nos formaron sitio.


Decía el Coronel Sauceda

con muchísima energía:

— Fío al que nos está tumbando

cargas de caballería.

Allá todos los Cristeros

gritaban: ¡Ora, pelones!

Creía que los agraristas

tiraban con las colaciones.


¡Adiós, adiós, los Cristeros


no nos volvemos a ver!

Todos rendían sus sombreros.

No nos vuelve a acontecer.


Ya con esta me despido

con las palabras bisen listas;

aquí se acaba el corrido

de Cristeros y agraristas.

## "El perico", cristero del rancho el mezquite alto. Azote de los soldados federales

Un personaje cuyo nombre no se conoce, y que con su apodo le dio nombre al cerro de La Cruz, o de las canoas, fue llamado "El Perico", cristero que habiendo recibido varias heridas de bala en un combate, pudo huir (puede haber sido en la toma del tren de La Barca, Jalisco el día 19 de abril de 1927 y que luego tuvieron que huir los cristeros asaltantes por la serranías cercanas) llegó a una cueva del cerro que pertenecía a la Hacienda de Las Corrientes, arriba del rancho llamado Paso Colorado, Bordo Blanco, o Mezquite Alto, en la cual se escondió curando sus heridas con hierbas medicinales, y de alguna manera entró en contacto con el jefe cristero Hilario Solorio, alías El ciego, quedando de acuerdo entre ambos cuidar estos caminos que formaban parte del antiguo e importante Camino Real de Ocotlán a Atotonilco el Alto, pasando por la Hacienda de Las Corrientes, mismo que en buena medida podía ser observado en trazo y transeúntes desde la Cueva del Perico; Hilario y El Perico mantenían comunicación por medio de leñadores, vecinos o correos, inclusive había mujeres familiares de Milpillas que le hacían llegar hasta la cueva, comida ropa y medicinas; a cambio, El Perico, difundía aviso y controlaba la presencia del Ejército callista, haciéndose célebre y estimado por los cristeros y por la gente de esta región, sus heridas empeoraron, con los meses fue decayendo hasta morir en dicha cueva. Años más tarde un Dr. de Atotonilco el Alto, recogió sus restos mortales y los llevó al panteón del pueblo, quedando sólo la "Cueva de El perico".

Fuente: Prof. y Lic. Luis Orozco Vázquez

"El Perico" cristero, herido en combate luchó desde su cueva en el Cerro de "La Cruz", de Milpillas.

# J. Trinidad Vázquez Valle, joven acejotaemero, activista cristero y mártir atotonilquense

En la visita que realizó el ahora Beato Lic. Anacleto González Flores, a nuestro Atotonilco el Alto, Jalisco de la cual existe una fotografía tomada hacia 1925 en el curato parroquial de San Miguel Arcángel, se captó al grupo de los jóvenes de la A.C.J.M. destacándose los entonces jóvenes acejotaemero: Ricardo Miranda, y J. Trinidad Vázquez Valle, con otros abanderados en torno al gran Maestro Anacleto, el más denodado impulsor de la superación y cristianización de la juventud mexicana, en especial la jalisciense. Al admirar esta fotografía histórica recordamos la vida y martirio de Trinidad, quien fuera esforzado presidente de esta asociación, activista que daba apoyo a los sacerdotes, a las familias católicas y a los cristeros que se encontraban en la lucha de esta guerra llamada por el pueblo "Santa"; por ser sobrino de Don Lorenzo Valle Valle, se encontraba en posición destacada y favorable para facilitar su activismo cristero, tal vez por ello le fue asignado por el gobierno un joven espía, quien con toda discreción y falsedad se ofreció a "ayudarlo" acompañándole en toda actividad de los acejotaemeros y las relacionadas con La Liga defensora de la Libertad Religiosa, este espía se llamaba Vidal Sánchez, quien una vez bien informado delató a Trinidad y a su grupo.

Al saberlo gentes de la Liga avisaron al padre de Trino de nombre homónimo al de su hijo; quien acon-

sejó a Trinidad que huyera pues ya había órdenes
federales de aprensión en contra de él y sus compañeros.

J. Trinidad Vázquez Valle, cristero activista de la A.C.J.M. preso sentenciado a ser fusilado en Moyahua, Zac.

Salieron en la madrugada del día siguiente de Guadalajara Jalisco En donde se encontraban, en aquel
momento, Vidal siguió con ellos mandando información secreta al grupo gobiernista, estuvieron a
punto de detenerlos en una hacienda, pero como
Trinidad sabía prepara explosivos pudieron con ello
hacer un gran agujero en una pared de la Hacienda
y fugarse; se dirigieron a Moyahua, Zac. En donde
tenía compañeros acejotaemeros que los esperaban,
mas fueron sorprendidos en dicho pueblo, y sentenciados a morir fusilados ya formados en la plaza
principal de Moyahua, ante el pelotón de soldados
y bajo las órdenes de general Maximino Ávila Camacho, fue revelado el espía Vidal separándolo del
grupo de sentenciados, con lo cual Trinidad quien lo
tenía a un lado alcanzó a decirle; —Sólo te pido que
hagas de cuenta que yo no tengo familia ni domicilio
alguno"— Entregándole su reloj como último regalo.

Fueron fusilados más de 20 jóvenes, a Trinidad le
obligaron a presenciar la masacre, al final, querien-

140

do que delatara a su familia (sabían que era sobrino de don Lorenzo Valle) por lo cual lo golpearon, le hirieron de gravedad y como no moría lo arrastraron alrededor de la plaza destrenzándole el cráneo hasta morir por su fe. Este episodio cristero se realizó el día 28 de Diciembre de 1928. Día de los Santos Inocentes.

Fuente: Prof. y Lic. Luis Orozco Vázquez

El Gral. Maximino Ávila Camacho, ordena el fusilamiento de cristeros atotoniliquenses y tapatios.

El cristero J. Trinidad Vázquez Valle, mártir de la Epopeya Cristera, sacrificado en Moyagua, Zac.

Sr. Don José Francisco Orozco Hernández

Llegó a radicar a Atotonilco el Alto en La primera Concentracion.

Sra. Doña Ma. Carmen Vázquez Valle.

Impartía innumerables vivencias históricas.

Fue hermana de Mártir Cristero.

142

# Mujeres cristeras atotonilquenses destacadas como "heroínas de la fe"

Lucharon desde su hogar por la libertad religiosa, de educar y formar a sus hijos en la Fe católica.

La mayoría de mujeres mexicanas fueron de manera singular quienes en defensa de los ideales más sagrados influyeron en sus hijos, esposos, hermanos y demás familiares para que abrazaran la causa cristera.

Algunas se distinguieron en la lucha armada arrostrando la metralla, y peleando al lado de los hombres soldados de Dios, o como activistas auxiliándolos, pero la mayoría en forma casi anónima fueron de vital ayuda para la Epopeya Cristera.

Al inicio no se explicaba el gobierno cómo subsistían y podían seguir activos los combatientes cristeros, hasta que analizando a las familias se dan cuenta de que las mujeres mexicanas son el alma y aliento del espíritu de Fe y cristiandad que ha sido y es parte del carácter del mexicano.

En nuestro municipio atotonilquense no fue la excepción, entre otras muchas más que recuerda el pueblo con admiración mencionamos a algunas llamándolas "Heroínas cristeras".

1. SRITA. MAESTRA ANTONIA CASTILLO DE LA CUEVA.

Hacia funciones de correo cristero, llevando recursos varios a los campamentos. Fue reconocida como gran cristera por la diócesis de Guadalajara, Jalisco.

## 2. DOÑA CRUCITA FONSECA DE ALVAREZ.

Mujer fuerte y ejemplar cristera que acompañó a su esposo el Capitán Don Cayetano Álvarez en campaña. Sufrió arrestos, quema de su casa y la pérdida de un hijo.

## 3. DOÑA MA. CONCEPCION SALAZAR DE VAZQUEZ.

Desde la Ciudad de México, capital del país, transportaba armas y tramitaba ayudas a los Cristeros. Fue descubierta y sufrió prisión siendo enviada al penal de las Islas Marías.

## 4. DOÑA MARIA BARAJAS DE DUEÑAS.

Mujer atotonilquense cristera. Esposa y madre ejemplar de Cristeros, en su casa improvisó un hospitalito en donde sus hijas y nueras atendían y curaban a heridos cristeros.

## 5. GENERALA DOÑA MA. CARMEN ÁLVAREZ DE VÁZQUEZ.

Mujer cristera de gran valor y acción por la fe de Cristo y santa María de Guadalupe ingresó al ejército cristero, le llamaban la generala. Manejaba las armas con gran precisión y puntería, comandaba su regimiento a favor de la causa o Guerra Santa. Después de la revolución se casó con el Sr. Trinidad Vázquez Cerpa. Abuelo materno del Prof. Luis Orozco.

## 6. SRITAS. HERLIA Y MARÍA VÁZQUEZ CERPA.

Dirigía un grupo de señoritas atotonilquenses que viajaban a Guadalajara y México vía ferrocarril. Transportaban parque disimulado en chalecos cual ropa interior, con grandes peligros de muerte  y prisión, para surtir a los cristeros ayudándolos también con ropa que ellas confeccionaban. Además de medicamentos, alimentos e información valiosa. Tuvieron casa en Guadalajara en donde se protegía a sacerdotes. Sus casas eran adoratorios para el culto religioso.

## 7. MA. CARMEN VÁZQUEZ VALLE.

Vivía en la casa Valle, apoyando con recursos varios a su tío Don Lorenzo Valle Valle, jefe de la "U", confeccionaba ropa para enviarla a los Cristeros. Madre del Prof. Luis Orozco.

## 8. SRITA. ELODIA DELGADO.

"B.B." Aprovisionaba a Lauro Rocha recogiendo óbolos para parque y asistencia a los Cristeros.

## 9. SRA. SEBASTIANA ACUÑA.

Atotonilquense, fue típica "B.B." entró a las órdenes de Lauro Rocha.

## 10. MA. TRINIDAD "TRINA DUEÑAS"

Aprovisionaba de parque a los cristeros.

Ayudaron también con recursos varios y moralmente a los cristeros:

LA SRITA. PROFA. MA. GUADALUPE ESCOTO MAGAÑA Y LA MADRE LUISITA (MARIA LUISA DE LA PEÑA NAVARRO), quien fue perseguida por el callismo y tuvo que huir del país.

Fuente: Prof. Luis Orozco Vázquez.

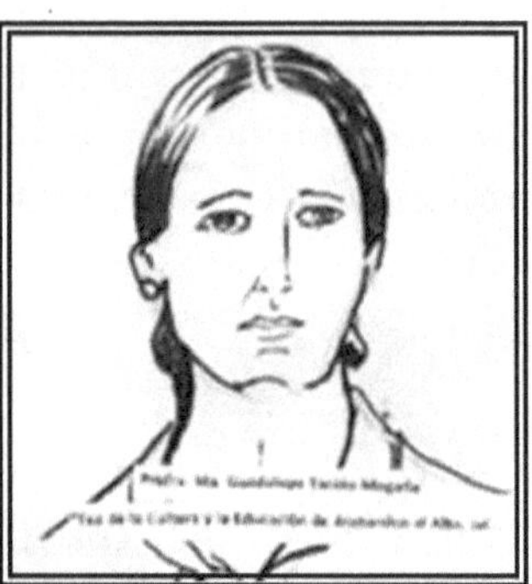

## Don (Nicho) Dionisio Vázquez, correo cristero, secretario, tesorero parroquial protector de sacerdotes y religiosas de San Francisco de Asís, y su destacada familia cristera.

En esta tan singular familia atotonilquense y san francisquense se cumple cabalmente el decir de Tertuliano, Apologista Cristiano: –"La sangre de Mártires es semilla de Cristianos"–pues ha generado a través del tiempo descendientes de Don Nicho ejemplares católicos, Religiosas y varios Sacerdotes que sirven a Cristo y a su Iglesia.

Nicho probó su valentía desde la época del carrancismo con su 30-30; en la Cristera fue designado por el Comité Regional como miembro de confianza para los asuntos delicado de la causa, entre otros llevar mensajes a los Jefes, surtir parque y armas, proporcionar comida y ayuda económica a familias de cristeros, ocultar en su casa a personas eclesiales, civiles y objetos de la parroquia como libros, utensilios religiosos, además de dinero en metal enterrado por él y su fiel esposa doña Cuca, quien murió después por efecto de desenterrarlo para entregarlo a la parroquia.

Don Nicho, acudió de su hogar en el Rancho de Guadalupe (Las Juntas) al rancho del Lindero a encontrarse con el entonces Gobernador Cristero de

Jalisco el Lic. Don Miguel Gómez Loza, estaban en la redacción e intercambio de cartas cuando fueron víctimas de una emboscada, cae primero Don Miguel Gómez Loza y más abajo Don Nicho Vázquez.

Su cuerpo queda a la intemperie, es mordisqueado por los puercos y deformada su cara, sepultado en pleno cerro donde permanece cierto tiempo para ser luego colocado en el templo de San Francisco de Asís. Don Nicho Vázquez es ya, por la piedad popular un santo y ejemplo cabal del hombre de valor y de Fe de México.

Fuente: Prof. y Lic. Luis Orozco Vázquez

El Gobernador Cristero Lic. Miguel Gómez Loza, cristero invencible en el Rancho El Lindero recibe misivas de su Correo Don Nicho Vázquez.

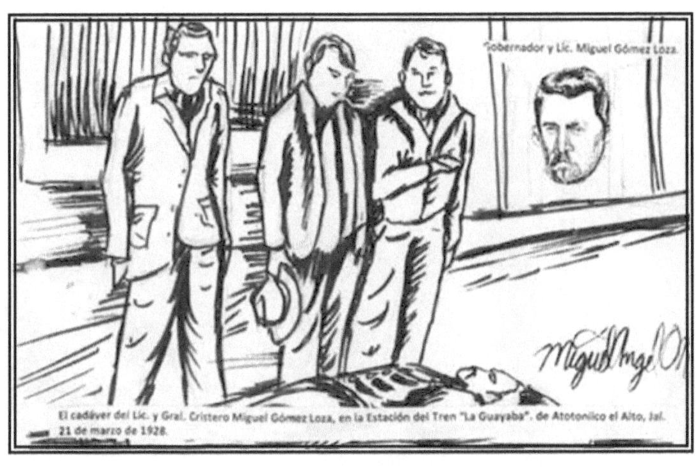


El cadáver del Lic. y Gral. Cristero Miguel Gómez Loza, en la Estación del Tren "La Guayaba", de Atotonilco el Alto, Jal. 21 de marzo de 1928.

# Cristero Agustín Placencia ahorcado en la pizarra.

En muchas familias se dio el caso de que aunque los padres permanecieran como pacíficos en sus ranchos o casas pueblerinas, alguno de sus hijos por varios motivos, personales o sociales se decidían a tomar las armas ya fuera en el bando militar federal o en el cristero como soldados de Cristo; tal es el caso de la familia de Don Agustín Placencia que radicaban en el rancho o exhacienda La Pizarra, pues uno de sus hijos una noche dijo a sus padres; -"Padre, madre, échemela bendición porque mañana antes del amanecer vendrá amigos cristeros por mí para ir a pelear por Dios y por la Patria"- En vano fueron consejo de sus padres y hasta lágrimas maternas para hacerlo desistir pues muy temprano se escuchó el galope de caballos, voces en el tejaban y de nuevo uno estampida de corceles. Pasó el tiempo y sólo llegaban noticias de que su hijo era muy valiente y andaba con un famoso Jefe Cristero. Rezar por él y recordarlo todos los días era la costumbre y consuelo paterno.

Un día llegan soldados a La Pizarra, entran a caballo hasta el patio-corral de Agustín Placencia, lo sacan entre dos federales callistas atados ya de las manos a la espalda mientras la esposa y sus hijos a gritos piden clemencia en vano —"¿Por qué se lo llevan? —Dice su esposa.-Por el hijo cristero que tienen y como ya nos hadado mucha guerra, nos vengaremos con su padre- Así fue colgado en el primer árbol junto a su casa; aún no moría cuando José Placencia el hijo cristero venía bajando el Cerro de Los Sabinos, a visado trató de llevar a salvar a su padre; mas fue inútil, los federales, al verlo salen huyendo entre gritos carcajeados en tanto el joven Placencia le hace varios disparos sin acertar ninguno. Baja corriendo aún el caballo, se apresura por bajar a su padre que quizás alcanzó a oírlo cuando agonizaba, pendiente al árbol.

Fuente: Prof. y Lic. Luis Orozco Vázquez

En la comunidad La Pizarra, de Atotonilco el Alto, Jal. fue ahorcado el pacífico Agustín Placencia, en castigo de que tenía un hijo cristero muy valiente.

# Niños cristeros, surtidores de tortillas a los campamentos cristeros.

A esta noble misión se dedicaron a varios niños de familias católicas alteñas; vaya para ellos que aún puede ser que vivan, o para sus descendientes nuestro ferviente homenaje por su valerosa acción. Nos han comentado de dos de ellos en particular: Emilio Guzmán y José Romero, quienes a sus 9 años aproximados allá entre el lomerío rojo de San Francisco de Asís, caminaban en sentados burros con bolsas de ixtle llenas del mexicano alimento: tortillas y frijoles con chile, ven venir al ejército callista, José baja del burro y trepa a un fresno, la montura se va hacia los pastos en tanto Emilio, se queda sin saber qué hacer siendo sorprendido por los soldados quizá con la doble idea de obtener comida e interrogar al niño sobre los paraderos de cristeros le lanzan la soga atándolo de brazos y tronco cae al suelo y ahí lo interrogan, sin lograr que diga una palabra; luego de quitarle las tortillas, comida y bolsa entrando en ira los soldados lo arrastran hasta matarle dejándolo como un trozo total de carne magullada y ensangrentada por las contusiones de golpes de piedras y rebotes.

Fuente: Prof. y Lic. Luis Orozco Vázquez

Dos niños cristeros surtidores de tortillas a los cristero: Emilio Guzmán y José Romero, son perseguidos en San Francisco de Asís, matando a uno y escapándose José Romero del Rincón del Indio.

Habitante del Barrio Josefino Alfonso Sotelo ahorcado por los callistas revive y se da de alta en la Cristera.

# El Sr. Cura Don Macario Velázquez, el Padre Agustín Rodríguez y los túneles.

Entre los sacerdote que no abandonaron a su fieles parroquiales están éstos dos esforzados y valientes pastores de la Parroquia de San miguel Arcángel, de Atotonilco el Alto, Jalisco pues muy responsables de su pueblo católico y los sacramentos y de su misión, se dice que disfrazados de civiles y hasta de arrieros desfigurado también sus modales y lenguajes recorrían las haciendas y rancherías del municipio y dentro de casas particulares, pues templos y capillas se encontraban cerradas u ocupadas por ejércitos federal o cristeros, oficiaban misas e impartían los sacramentos. También para no ser vistos en el centro y poder salir a los caminos utilizaban los muy discutidos túneles que había entre el templo de San Miguel y algunas casonas además de comunicarse por esta vía con lámpara en mano hasta el antiguo Callejón de Las Flores, salida sur hacia la Hacienda de Milpillas y Ocotlán, Jalisco

Estos túneles fueron utilizados hacia 1945 para colocar los grandes tubos del drenaje municipal.

Fuente: Prof. y Lic. Luis Orozco Vázquez

El Sr. Cura Don Macario Velázquez no abandonó su Parroquia, se dice usaba un túnel para salir y atender a sus feligreses.

Con sigilo algunos sacerdotes valeroso como el Padre Agustín Rodríguez, visitaba las comunidades para impartir los sacramentos.

# Al General Enrique Gorostieta Velarde (narración versificada).

Recordando la Hacienda de El Valle,
aquel trágico dos de junio
quedando en la mente cual ninguno
quizá otro tal dolor no halle.

El General Gorostieta viaja
con su escolta de amigos cristeros
es su viaje al Michoacán señero
pues sólo quiere gente muy apta.

Los malos augurios se presentan:
llueve a cántaros toda la noche
por instantes la luna cual broche
que no brilla mas sólo se ausenta.

Al pasar por un bordo con agua
su caballo se asusta y resbala
casi al fondo del agua llegaba
mas jinete y espuelas le ganan.

Van llegando cuando el sol alumbra
muy apenas la Hacienda de El Valle
ya portales se ven en penumbra
y deciden entrar; ¡Dios los guarde!

Organiza su gente y defensa
en torreón de la hacienda el vigía,
su caballo no lo desensilla
sólo en descansar sus ojos piensa.

Pan y leche será su comida
a minutos está ya la muerte
caer en celada así fue su suerte
y entregar aquel día su vida.

Da el vigía señales de alarma
mil carreras y gritos se escuchan
Gorostieta su caballo busca
lo monta y se encuentra sin su arma.

Sólo hay tiempo de saltar la cerca,
incontables disparos se escuchan
tras la cerca federales luchan
acertando al caballo es su presa.

Cae la bestia admirable en su pierna
sin que pueda librarse el General
y a él directo las balas le dan
ahí fue su llamada eterna.


En la hacienda sólo hay e silencio
la emboscada fue justa y completa
Gorostieta está muerto en la huerta
no hay sudarios ni un triste lienzo.


Cuando sus nombres lo ven ya muerto
sus semblantes ahí los delata
dando a saberlo de quien se trata
alegrando a todo el Ejército.


¿Fue a caso la Liga Defensora?
¿Fue el clero de obispos en "arreglo"?
¿Fue una traición de sus compañeros?
No se sabrá ni entonces ni ahora.


En aquella carreta de bueyes
Gorostieta y su guardia personal
son traídos al Cuartel federal
siguiendo de la guerra sus leyes.

Luego llevado a la Estación del tren
donde el pueblo triste ve el cadáver
Gorostieta el hombre más grande
de la historia cristera ya es.

Su recuerdo en la Historia es un hito
estando fijo y unido a la Fe
del pueblo cristero que en él se ve
y es emblema de mi Atotonilco.

20 de mayo de 2014

Autor: Prof. y Lic. Luis Orozco Vázquez

General Enrique Gorostieta Velarde, el gran organizador del Ejército Cristero de Liberación Nal. llega a la Hda. De El Valle y organiza a su guardia.

El Gral. Enrique Gorostieta, salta la cerca de la huerta momento en que recibe en los disparos federales. Hacienda de El Valle. Atotonilco el Alto, Jal.

El Gral. Enrique Gorostieta, queda su pierna bajo el caballo muerto, ahí es masacrado en la Huerta de la Hda. de El Valle, municipio de Atotonilco el Alto, Jal, 2 de junio 1928.

En una carreta jalada por bueyes fueron traídos el Cadáver del Gral. Gorostieta y presos los hombres de su guardia.

Cristeros de la guardia personal del Gral. Gorostieta, presos y encerrado bajo el hidrante del Tren La Guayaba en Atotonilco el Alto, Jal. ahí fueron martirizados.

El cadáver del Gral. Enrique Gorostieta Velarde, Jefe Máximo de los Cristero Mexicanos, en la Estación del Ferrocarril "La Guayaba" de Atotonilco el Alto, Jal.

## "Los acuerdos y la segunda cristera.

El 21 y la Julio de 1929 se firmaron los "Acuerdos" entre el Presidente de México Emilio Portes Gil y los Sres. Obispos.

La persecución duró tres años. En 1927 comenzó y en 1930 se rindieron los Cristeros. La iglesia los obligó, pues se habían puesto de acuerdo con el gobierno.

Otro combatiente Cristero opina: -"El gobierno envió gente a Roma a hablar con el Papa" El error del Papa fue dar orden para que se firmara el "arreglo" y los de la iglesia lo aceptaron. Después de eso vino el "afusiladero" Lauro Rocha se levantó otra vez y lo mataron, porque cuando, la gente está a favor de uno, entonces lo esconde, sino, no hay nadie: se vuelve uno bandidos". Este descontento entre los combatientes Cristeros hubiera desembocado en otra rebelión a no ser porque encontraron otra alternativa, que además les evitó el enfrentamiento con la iglesia. La emigración hacia los E.U.A. Al término de la guerra Cristera, en los Altos, la migración hacia "el norte" fue masiva: se fueron medieros, jornaleros y pequeños propietarios, y causaron una crisis en el área, al dejar a los terratenientes sin fuerza de trabajo. Para retener algunos medieros los patrones tuvieron que hacer algunas concesiones y liberalizar de alguna manera el trato a sus explotados.

Fuente: Prof. y Lic. Luis Orozco Vázquez

Después de "Los Arreglos" algunos cristeros atotonilquenses deponen las armas.

# Informe del Sr. Cura Don Macario Velázquez.

El informe del Sr. Cura de esta parroquia Don Macario Velázquez a la Sagrada Mitra, de fecha marzo de 1930, dice que aunque los cultos ya estaban suspendidos en los meses de agosto, septiembre, octubre, noviembre y diciembre de 1926, se siguió administrando los Sacramentos: pero a partir del 1o. de Enero de 1927, dice ya no haber sido posible seguir, en vista de las circunstancias tan sabidas que empezaron a caracterizar estos rumbos. Dice haberse trasladado a la Hacienda de San Antonio de Fernández donde atendió a los fieles, y después volviéndose a Atotonilco, y él junto con el Pbro. Agustín Rodríguez, a escondidas y con muchas precauciones continuaron ayudando a los fieles en la Administración de los Sacramentos; dice que los demás sacerdotes se fueron a otra ciudades: Guadalajara, México, y a los E.U.A.

Así mismo informa haber ocultado todas las pertenencias de esta iglesia y que éstas no fueron saqueadas pese a que hubo innumerables cateos a diversas casas de la población. Además, que el día 5 de Julio de 1929, se abrieron de nuevo los cultos en esta parroquia, después de 3 años. Agrega que el Curato fue cuartel en los 3 años, habiendo quedado destruido y que está ya reformándolo. Y termina diciendo que la Capilla de Milpillas fue destruida en la Revolución Cristera (Destrucción hecha por los mismos Cristeros, por considerarla ya profanada por los federales que la habían convertido en habitación y caballerizas).

Prof. y Lic. Luis Orozco Vázquez

Principales Personajes del Gobierno Federal y Estatal que participaron en la historia cristera de Atotonilco el Alto, Jal.

General Lauro Rocha "El General de 20 años", atotonilquense, el más esforzado cristero combate desde 1926 hasta 1936 inicia y encabeza la Segunda Cristera.

Papa Pío XI, fue informado mal sobre La Cristera, posteriormente emitió un discurso-mensaje radiofónico exaltando y bendiciendo a los mexicanos especialmente todos los que intervinieron por la Fe en la Epopeya

Papa San Juan Pablo II, Reconoció las importancia de la Epopeya    cristera de México, canonizó a varios sacerdotes y laicos mexicanos. Ha sido  el Papa mexicano.

174

# Bibliografía


Acevedo Robles A. (2000) DAVID, Verdad sobre la historia cristera, relatos-entrevistas-testimonios. Volúmenes I-IV. ISBN 968-5327-03-3

De Anda, JG. (1937). Los Cristeros, La guerra santa en los Altos. Editorial Hexágono. Guadalajara, México.

Díaz, J. & Rodríguez, R. (1979). El movimiento cristero. Ed. Nueva imagen. ISBN: 9789684291386

Gallegos Franco F. (1992). Tierra Roja. Tomo II. Editorial El Alteño. Guadalajara, México.

Guzmán Quintero, R. (2011). Enrique Gorostieta General Cristero. La Razón. Hellou¡ + cultura. Tampico Tamaulipas, México. Domingo 5 de Junio de 2011.

Hernández Ramírez C. (2013). Cristeros, La guerra santa de los Altos. Ed. Altos print.

Herrera Castro, J.P. (2015). Gorostieta, Relatos, Testimonios y Documentos del Generalísimo Cristero. Guadalajara, México

Huerta Wilde J. (2004). Sangre de Mártir. SF editores. Zapopan, México.

Hurtado, J.F.H. (2014). ¡Tierra de cristeros!: Historia de Victoriano Ramírez y de la revolución cristera en los altos de Jalisco. Centro de estudios mexicanos y centroamericanos. ISBN 9789686029772. Hors collection.

López Reynaga J. (2015). Lauro Rocha González en la Cristiada, 1926-1929 y en la "Segunda" 1933-1936. Registro en Trámite.

Meyer, J.A. (1994). La Cristiada: El conflicto entre la iglesia y el Estado. Siglo XXI Editores. ISBN: 9789682319051

Meyer, J.A. (2005).La Cristiada: Los Cristeros. Siglo Veintiuno Editores. ISBN: 9789682319815

Meyer, J.A. (1994). La Cristiada: La guerra de los cristeros. Siglo Veintiuno Editores. ISBN 9789682319044

Ramírez Rancaño, M. (2002) La ruptura con el vaticano. José Joaquín Pérez y la Iglesia Católica Apostólica Mexicana, 1925-1931. *Estudios de Historia Moderna y Contemporánea de México, 24*(024).

Reynaga, J.L. (2005). Detalles Cristeros del Dr. Bernardo López Capilla: "Córcholis" en la división del sur de Jalisco. Ed. Amate. ISBN: 9789707640986d

**Narraciones cristeras de
Atotonilco El Alto, Jalisco.**
se terminó de imprimir
en octubre de 2016
en los talleres gráficos
de Amateditorial, S.A. de C. V.

Madero 616, Colonia Centro

Guadalajara, Jalisco

Tel-fax: 36120751

36120068

amateditorial@gmail.com

www.amateeditorial.com.mx

Edición y revisión al cuidado del autor

www.ingramcontent.com/pod-product-compliance
Lightning Source LLC
LaVergne TN
LVHW051525170726

843492LV00006B/1635